DAS KASTANIEN-KOCHBUCH

ERICA BÄNZIGER

DAS
KASTANIEN
KOCHBUCH

MIDENA

Die Deutsche Bibliothek – CIP-Einheitsaufnahme

Bänziger, Erica:
Das Kastanien-Kochbuch / Erica Bänziger.
[Rezeptbilder: Evelyn und Hans-Peter König]. -
Küttigen/Aarau : Midena ;
Augsburg : Weltbild-Verl., 1996
ISBN 3-310-00265-9

Alleinvertrieb für Deutschland:
WELTBILD VERLAG GmbH
Steinerne Furt 68-70, 86167 Augsburg

© 1996 - MIDENA VERLAG GmbH,
CH-5024 Küttigen/Aarau
Gestaltung Umschlag und Inhalt: Dora Hirter, Birrwil
Foodbilder: Evelyn und Hans-Peter König, Zürich
Bilder im Einführungsteil: Bildnachweis beim Verlag
Satz: Kneuss Satz AG, Lenzburg
Lithos: Litho 2000 AG, Basel
Herstellung: Neue Stalling, Oldenburg

ISBN 3-310-00265-9

Verwendete Abkürzungen

EL = gestrichener Eßlöffel
TL = gestrichener Teelöffel
ml = Milliliter
dl = Deziliter

Wo nicht anders vermerkt, sind die Rezepte
für 4 Personen berechnet.

*Dieses Buch widme ich ganz besonders
meiner lieben Mutter Melanie und allen Verehrern und Liebhabern der
Edelkastanie. Es ist in Erinnerung an viele sonnige Stunden im Tessin
und in der Ardèche unter wunderschönen alten Kastanienbäumen
geschrieben worden.*

*Auf daß die Kastanienbäume uns auch in Zukunft
mit ihrer wertvollen Nahrung beschenken und wir sie dafür weiterhin
liebevoll hegen und pflegen und so zum Erhalt einer einmaligen Landschaft
beitragen. All jenen gebührt an dieser Stelle ein herzliches Dankeschön,
welche die Kastanienselven Jahr für Jahr mit nicht
nachlassendem Eifer pflegen.*

Danken für die Unterstützung bei der Realisierung dieses Buches
möchte ich Freunden, Bekannten, Institutionen und Firmen.
Ohne ihre Informationen und auch moralische Unterstützung und
das kritische Testessen wäre das Buch in dieser Form
nicht realisierbar gewesen:

Vreni Schneider und Fredy Burri
von der Ferme Solaire, Marcols-les-Eaux, Ardèche/F

Silvia und Peter Lendi, Erboristeria, Bedigliora

Ursula Biedermann, Giubiasco

Marco Conedera, Bellinzona

Giosanna Crivelli, Montagnola

Kastanienmuseum St. Pierreville, Ardèche/F

Linea Bregalia, Soglio

Holle Nährmittel, Arlesheim

Urs Konrad, Anneke Laupper, Werner Geibel
und allen anderen Freundinnen und Freunden für ihre stets
guten Wünsche und die moralische Unterstützung

Grüter-Suter, Luzern, welche zum Fotografieren der Rezeptbilder
ihr schönes Porzellan zur Verfügung gestellt haben

Kräutergärtnerei Ulrich Mäder, Boppelsen, für die großzügige
Unterstützung mit Gartenkräutern

Léonie und Fredi Haefeli vom Midena Verlag,
die für Trendthemen stets offen sind

◆

Schon als Kind faszinierten mich Bäume. Es war denn auch mehr als Liebe auf den ersten Blick, als mich der Edelkastanienbaum in seinen Bann zog. Kein Zufall also, daß ich während meiner Lehr- und Wanderjahre im Tessin (Südschweiz) viel über die Kastanienkultur und die Verwendung der Früchte in der Küche erfahren wollte.

Jahre später, während eines Sommerurlaubs in der wildromantischen Ardèche im Südwesten Frankreichs, erlag ich wieder dem Rausch der schattenspendenden und diese Landschaft so stark prägenden Bäume. Im Kastanienmuseum von St. Pierreville (Ardèche) stillte ich meinen Wissenshunger über die alte Kulturpflanze. Gleichzeitig wurde mir auch bewußt, daß es für die Kastanienkultur nur ein Überleben gibt, wenn wir Konsumentinnen und Konsumenten uns wieder mehr des großen Nähr- und Gesundheitswerts der Kastanie bewußt werden. So sind heute vielerorts in Europa, vor allem aber in Bergregionen und in den abgelegenen Tessiner Tälern, Bestrebungen da, die Kastanienselven durch entsprechende Pflege zu erhalten.

Daß die Edelkastanie auch in der Alltagsküche neue Akzente setzen kann, davon war ich stets überzeugt. Beseelt von diesem Gedanken begann ich alte Rezepte zu suchen und neue phantasievolle Maronenrezepte – vor allem für die fleischlose Küche – zu kreieren. Die Kastanie ist aufgrund ihres Nähr- und Genußwertes ideal für die vegetarische Küche; immer mehr Menschen erkennen den Wert einer gesunden, natürlichen, fleischreduzierten Kost.

Mit einfachen, vollwertigen Rezepten soll Ihnen dieses Buch die kulinarische Welt der Kastanie erschließen. Aber nicht nur das. Es soll auch ein kleiner Beitrag zur Erhaltung der einmalig schönen Kastanienselven in allen Regionen Europas sein ...

Gutes Gelingen und guten Appetit!

Erica Bänziger

Die Geschichte der Kastanie

Die Edelkastanie zählt zu einer der ältesten Kulturpflanzen, wird sie doch schon im 5. Jahrhundert v. Chr. namentlich erwähnt. Die Kastanie kam von Kleinasien über Griechenland nach Italien.

In China waren mehrere Sorten Eßkastanien schon früh als wichtiges Lebens- und Heilmittel bekannt. Der Kastanienbaum ist deshalb in China auch den Geistern des fruchtbaren Landes geweiht; damals wie heute werden die Bäume in der Nähe von Altären und an heiligen Orten gepflanzt. Die Edelkastanie ist zudem Symbol der "weisen Voraussicht", denn sie läßt ihre Früchte im späten Herbst als Wintervorrat für Mensch und Tier heranreifen und sichert ihnen damit das Überleben.

In Griechenland fand man ebenfalls bereits im 3. Jahrhundert vor Christus wilde wie kultivierte Arten der Edelkastanie. Homer nannte die Kastanie in der Odyssee "Maraon", woher der Name Marone kommt.

Auch in Italien kannte man die Edelkastanie schon lange vor Christi Geburt. In der römischen Kaiserzeit fand sie den Weg über die Alpen, wo sie sich bald stark ausbreitete; dafür sprechen auch zahlreiche Ortsnamen.

Bis die Kartoffel von Südamerika nach Europa immigrierte, war die Baumfrucht ein wichtiges Grundnahrungsmittel in weiten Teilen unseres Kontinents. Im Tessin (Südschweiz) war sie es sogar noch bis Ende des vergangenen Jahrhunderts, vor allem für die Bevölkerung in den abgelegenen Bergtälern. Das Kastanienholz diente nebst der Wärmegewinnung als wichtiger Rohstoff für den Bau von Häusern und Ställen. Als der Kartoffelanbau immer großflächiger betrieben wurde und Mais und Reis immer billiger wurden, ging die Nachfrage nach Kastanien zurück; das Interesse an der Pflanzung und der Pflege der Kastanienbäume erreichte einen Tiefpunkt. Verschärft wurde die Situation noch durch die Auswanderung vieler Talbewohner in andere Teile der Schweiz oder nach Italien; es fehlte an Arbeitskräften. Alte Baumbestände verwilderten und gingen ein.

Ortsnamen oder Hofnamen, die auf eine Verbreitung der Edelkastanie schließen lassen

Kastanienbaum (Luzern)
Kästenen (Appenzell)
Kestenberg (Aargau)
Kestenholz (Solothurn)
Chataigneriaz (Waadt)
Castagnola (Tessin)
Castaneda (Graubünden)

Vor noch nicht ganz 100 Jahren gab es in der Schweiz auch am Walen- und am Zugersee (Walchwil) sowie am Vierwaldstättersee (vor allem in Weggis und Vitznau) schöne Kastanienbäume, welche die Seeufer schmückten. Das milde

Klima ließ auch nördlich der Alpen die begehrten Früchte reifen. Trotzdem war schon damals, d. h. um 1920, die Regierung in Bern sehr besorgt um die Erhaltung der Kastanienkulturen, da diese landesweit immer mehr aus dem Landschaftsbild verschwanden. Diese Entwicklung hat sich vielerorts bis in unsere Tage fortgesetzt. Seit ein paar Jahren hat man erfreulicherweise wieder begonnen, alte Kastanienselven zu rekultivieren, z. B. im Tessin.

Die Kastanie als Nahrungsmittel

Aufzeichnungen belegen, daß die Kastanie während der Kriegszeiten dieses Jahrhunderts als Nahrungsmittel besonders begehrt war; entsprechend hoch war der Preis. Man verzeichnete eine Preissteigerung von mehr als 600%. Für ein Kilogramm getrocknete Kastanien hatte man den stolzen Preis von drei Franken zu bezahlen. Ähnlich verlief die Preisspirale beim Kastanienholz.

Zu Recht trug früher der Edelkastanienbaum die Bezeichnung "Brotbaum". In Zeiten großen Hungers war die Frucht für arme Menschen die einzige Überlebenschance. Selbst Steuerschulden wurden mit Kastanien getilgt. Daneben zierte die aromatische Frucht im Herbst auch üppige fürstliche Tafeln. Ob zum Füllen von Wildgerichten, als süße Pastete (Vermicelles) oder glasiert, sie durfte bei keinem Fest fehlen.

Heute fristet die Marone, wie die Edelkastanie oft genannt wird, ein eher bescheidenes Dasein. Zwar verströmen während der kalten Jahreszeit nostalgische Maronistände an zahlreichen Orten in Italien, in der Schweiz und auch in Süddeutschland einen verführerischen Duft und lassen eine Atmosphäre der Wärme und Behaglichkeit aufkommen, aber damit hat es sich auch schon. In der Alltagsküche ist die aromatische Frucht kaum anzutreffen. Es wird also höchste Zeit, ihr wieder den Platz einzuräumen, den sie verdient. Die gesunde, zudem basische und kalorienarme Frucht hat auch aus kulinarischer Sicht einiges zu bieten.

"Tu, pio castagno, solo tu, là assai doni al villano che non ha che il sole."

(Nur du, edle Kastanie, schenkest genug dem Bauern, der nichts hat als die Sonne.)

Pascoli

Der Kastanienbaum

Nuß, Frucht oder Samen? Kulinarisch ist die Speisekastanie schwer zuzuordnen. Anders botanisch: sie gehört zur Familie der Buchengewächse.

Die Kastanie ist einer der nützlichsten, größten und mächtigsten Bäume ganz Europas. Mit der Roßkastanie hat sie außer den ähnlich aussehenden Früchten nichts gemeinsam. Der Baum liebt tiefgründigen, kalkarmen, lockeren Boden. Die Bäume wachsen schnell und bilden eine weitausladende Krone. Sie erreichen eine Höhe bis zu 35 m.

Die Edelkastanie braucht viel Wärme und ein mildes Klima; sie gedeiht deshalb vor allem im südlichen Europa. Kastanienkulturen gibt es im Tessin, im Bergell, im Südtirol, in Italien, in der Südpfalz und in Südwestfrankreich, hier vor allem in der Ardèche, dem größten Anbaugebiet Frankreichs mit einer geschätzten Jahreserte von 6000 Tonnen Früchten. Aber auch in England, in Belgien und im Rheinland gedeihen an milder Lage Edelkastanien.

Je nach Region heißen die Früchte Kescht'n, Köscht'n, Chestene, Chistene, Kistenä, Kistelä, Marone oder Maroni.

Erste Früchte trägt ein Kastanienbaum mit 25 Jahren. Bis zu voller Ernte vergehen aber weitere 75 Jahre. Wer also einen Kastanienbaum pflanzt, tut dies immer für seine Nachkommen. Dafür kann bei richtiger Pflege während Jahrzehnten geerntet werden. Ein Kastanienbaum kann mehrere Hundert Jahre alt werden (bis 500 Jahre). Im Tessin gibt es heute noch zwei Bäume, deren Alter auf 800 bis 1000 Jahre geschätzt wird.

Die Blüte

Die Edelkastanie blüht je nach Region und Höhenlage zwischen Ende Mai und Mitte Juni bei Temperaturen zwischen 15 und 18 Grad. Die Blüten verströmen einen unverkennbaren Duft. Emsige Bienen sind damit beschäftigt, den wertvollen Nektar einzusammeln. Aus ihm entsteht später der geschmacksintensive Kastanienblütenhonig. Auf den Menschen, so wird gesagt, soll der Blütenduft aphrodisisch wirken. Aus der Blüte wird auch die Bach-Blüte "Sweet Chestnut" gewonnen.

Die Kastanienernte

Die Kastanie reift zwischen Oktober und November. Während der Vegetationszeit, d. h. von der Blüte bis zur Ernte braucht sie eine Temperatur von total 2000 bis 2300 Grad. Diese geballte Sonnenkraft findet sich in der Frucht wieder. Zu Recht werden die Kastanien in der chinesischen Ernährungslehre als wertvolles wärmendes Nahrungsmittel bei innerer und äußerer bioklimatischer Kälte empfohlen.

Die reifen Kastanien fallen in der grünen, stacheligen Schale zu Boden. Dann werden sie in mühsamer Kleinarbeit von Hand gesammelt und je nach Verwendungszweck verarbeitet.

Einige Zahlen

Der schönste und größte zusammenhängende Kastanienwald befindet sich im Bergell (CH). Um 1920 dehnten sich die Selven auf einer stattlichen Fläche von 120 ha aus, heute sind es noch 50 ha. Im gleichen Zeitraum, d. h. um die Jahrhundertwende, bedeckten Kastanienselven rund 10'000 ha Land, davon allein 9'000 ha im Tessin. Laut Statistik waren es damals 870'000 über 20jährige Bäume, welche einen jährlichen Ertrag von 78'000 Zentnern (7'800 000 kg) brachten. Bei einem gut entwickelten Kastanienbaum mit einem Durchschnittsalter von 70 bis 140 Jahren können jährlich je nach Standort 100 bis 200 kg Früchte geerntet werden.

Früher, als die Kastanie noch in weiten Teilen der Südschweiz das einzige Grundnahrungsmittel war, betrug der Konsum einer 6köpfigen Familie stolze 6 bis 9 Zentner (600 bis 900 kg) oder 100 bis 150 kg pro Person und Jahr. Eine Tessiner Familie verzehrte während des Winterhalbjahres täglich 1- bis 2mal in irgendeiner Form Kastanien. Gegessen wurde die Kastanie mehrheitlich in Kombination mit Milch. Dies zeigt, wie einfach die Ernährung damals war; weder hatte man Probleme mit zu viel tierischem Eiweiß noch mit einem Säureüberschuß (die Kastanie ist basisch). Die tägliche Kost war kohlehydrat- und basenüberschüssig, was auch nach heutigen Erkenntnissen sehr gesund ist.

Als entfernte Verwandte der Eiche vereinigt die Kastanie in sich die Klarheit der Buche und die Schönheit des Walnußbaumes.

Die Sortenvielfalt

Allein in der Ardèche gedeihen heute noch rund 40 verschiedene Kastaniensorten. Für den Gebrauch in der Küche spielen die Sorten aber eine untergeordnete Rolle. Viel wichtiger sind sie für die Wahrung einer möglichst großen botanischen Vielfalt.

Die Marone ist ein Produkt der Veredlung der wilden Edelkastanie. Im Unterschied zur "Mutter" enthält die stachelige Schale der Marone nur eine große statt drei kleiner Früchte. Die fruchttragenden Kastanienbäume sind in der Regel veredelt.

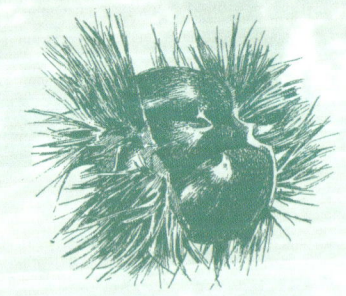

Die erntefrische Kastanie

Erntefrische Kastanien sind nur beschränkt haltbar. Früher wurden die Früchte, um sie für einige Monate haltbar zu machen, während neun Tagen im Wasserbad belassen. Das Wasser mußte täglich gewechselt werden. Anschließend wurden die Kastanien gut getrocknet und an einem gut gelüfteten Ort angehäuft und aufbewahrt. Oft legte man die Kastanien auch in trockenen, gut gereinigten Sand.

Im Unterwallis hat man früher die großen Kastanienhaufen mit Laub zugedeckt und so eine Gärung herbeigeführt. Durch die Gärung entstand Milchsäure, und diese konserviert bekanntlich.

Die frischen Kastanien können nach dem Schälen auch trocken in Gläser gefüllt und während 40 Minuten sterilisiert werden. Die so konservierten, eßbereiten Kastanien sind lange haltbar und zudem sehr praktisch für den täglichen Gebrauch. In der Ardèche werden die meisten Kastanien auf diese Art konserviert. Ganze Kastanien können auch samt Schale eingefroren werden. Sie sollten aber vorher unbedingt eingeschnitten werden.

Das beste Mittel, um die Frische der Kastanie möglichst lange zu erhalten,

besteht in langsamem Trocknen. Die Kastanien wurden früher in eigens dafür erbauten Steinhäuschen (Tessin) über dem offenen Holzfeuer getrocknet. Die getrockneten Früchte konnten danach problemlos über ein Jahr gelagert werden. Heute werden die meisten Kastanien aus Kosten- und Zeitgründen über dem Elektro- oder Gasfeuer getrocknet. Ein großer Geschmacks- und Qualitätsunterschied ist die Folge. Die Art des Trocknens wird auf jeder Packung deklariert.

Neben den frischen Kastanien, die nur im Herbst angeboten werden, gibt es im Fachhandel (Bioladen, Reformhaus, Feinkostladen) eine ganze Palette von Kastanienprodukten (siehe Produkteinformation).

Eingeschlossen wie im Mutterleib ruht die Frucht bis zur Reife in einer stacheligen Kapsel an den Zweigen des Baumes. Die Sonne bricht die Kapsel auf; die gehütete Kraft (Frucht) verläßt sie, zum Wohle der Gesundheit von Mensch und Tier.

Linea Bregalia, Soglio/GR

Die Kastanie und ihre Heilwirkung

Eure Lebensmittel sollen
Eure Heilmittel und Eure Heilmittel
Eure Lebensmittel sein.

Hippokrates

Bereits die Chinesen und später auch die Griechen und Römer wußten um die nährende und heilende Kraft der Kastanie. So kannte man in der Volksheilkunde schon früh zahlreiche Anwendungen und Zubereitungsformen der Kastanie. Es gibt nur wenige Bäume und Sträucher, die ähnliche Beachtung gefunden haben.

Viele Rezepturen verdanken wir der heiligen Hildegard von Bingen. Sie lebte im Rheinland, wo es früher dank des milden Klimas sehr viele Edelkastanienbäume gab. Für Hildegard von Bingen war die Edelkastanie eines der 16 wertvollsten Heilmittel. In der Hildegard-Medizin werden neben der Frucht auch die Blätter, die Rinde, das Holz und die Fruchtschalen verwendet. Bei Kopfschmerzen und Nervenleiden empfiehlt sie in Wasser gekochte Kastanien zu essen. Wer unter Leberbeschwerden leidet, soll in Honig eingelegte Früchte essen, bei Milzbeschwerden werden geröstete Früchte verschrieben, wie wir sie von jedem Maronistand kennen. Außerdem soll der regelmäßige Genuß von Kastanien laut der heiligen Hildegard von Bingen Krampfadern vorbeugen. Aber nicht nur beim Menschen, auch bei den Tieren wurden vor allem die Blätter der Edelkastanie als Heilmittel eingesetzt.

Bei Hautbeschwerden rührt man Kastanienmehl mit Wasser zu einem dickflüssigen Brei, stellt einen Wickel her und legt diesen auf die kranke Haut.

Der Nährwert der Kastanie

Die Kastanie und das naturbelassene Getreidekorn sind vom Nährwert her sehr ähnlich. Früher wurde aus Kastanienmehl auch Fladenbrot gebacken und Polenta gekocht.

Besonders geschätzt wird die Kastanie ihrer basenbildenden Eigenschaften wegen, im Gegensatz zum Getreide, das immer säurebildend ist. Bei regelmäßigem Verzehr leisten wir also einen Beitrag im Kampf gegen die weitverbreitete Übersäuerung des Organismus.

Da die Frucht kein Klebereiweiß (Gluten) enthält, eignet sie sich auch bei Glutenunverträglichkeit (Zöliakie). Das Buch enthält zahlreiche getreidelose Rezepte (vor allem Backwaren), die sich bei Zöliakiediät bestens eignen.

Die Kastanie enthält neben Stärke und hochwertigem pflanzlichem Eiweiß vor allem hochwertige Kohlehydrate und ist arm an Fett und Kalorien.

100 g eßbereite Kastanien enthalten

Eiweiß	12 g
Fett	3 g
Kohlehydrate	85 g
Kalorien/kJ	200/800
Kalzium	36 mg
Beta-Carotin	168 mg
Ascorbinsäure (Vitamin C)	65 mg
Vitamin B1	0,29 mg
Kalium	707 mg
Magnesium	1,3 g
Eisen	45 mg
Kupfer	0,23 mg
Phosphor	87 mg

Brauchtum und Sagen

Im gesamten Mittelmeerraum wurde die Edelkastanie früher dem Zeus (Jupiter) geweiht. Der Planet Jupiter steht dabei für das versorgende Prinzip in harten Zeiten, was auf die Frucht bestens zutrifft.

Im keltischen Baumkreis ist die Kastanie Pate aller Menschen, welche zwischen dem 15. und 24. Mai und dem 12. und 21. November geboren sind. Diese Menschen sind sehr selbstkritisch. Falschheit ist ihnen zuwider; sie ziehen einen Irrtum lieber so lange durch, bis sie die volle Gewißheit haben, daß es ein Irrtum ist. Im Zeichen der Kastanie wurden Jean Tinguely, Indira Ghandi und Voltaire geboren. Wer unter eine Kastanie geht, der findet die Wahrheit, heißt es weiter im Buch über den keltischen Baumkreis.

Scott Cunningham schreibt in seinem Buch "Magie in der Küche" über die Kastanie folgendes: Geröstete Kastanien, im klassischen Nat King Cole Song (amerikanisches Weihnachtslied) unsterblich gemacht, sind ein ausgezeichneter Liebeszauber. Kastanien dienen auch dazu, das Tagesbewußtsein zu aktivieren.

Da der Strunk eines gefällten Kastanienbaumes bereits nach kurzer Zeit wieder austreibt, wird die Kastanie vielerorts als Lebensbaum verehrt. In Spanien hängte man den Kindern aus dem gleichen Grund Kastanien-Amulette um den Hals, um sie vor bösen Hexen zu schützen.

Produkteinformation

Frische Kastanien

Frische Kastanien werden in der Regel ab November bis zirka Ende Februar in Supermärkten, Gemüseläden oder auf dem Gemüsemarkt angeboten. Sie stammen meistens aus Italien oder Frankreich. Frische Kastanien werden am besten möglichst bald verbraucht, da sie bei Lagerung rasch austrocknen. Eine gewisse Zeit frisch bleiben sie in Vorratsdosen im Kühlschrank; nach meiner Erfahrung sind es 14 Tage.

Frische Kastanien – mit dem Messer eingeschnitten – können samt Schale tiefgekühlt werden. Man gibt die noch tiefgekühlten Kastanien direkt ins kochende Wasser oder direkt in den Ofen zum Braten. Geschält werden sie nachher.

Getrocknete (gedörrte) Kastanien

Die frischen Kastanien werden im Bergell heute noch in eigens dafür gebauten Dörrhäusern (Cascine) über einem schwelenden Holzfeuer getrocknet. Das dauert 5 bis 6 Wochen. Während des Trocknungsprozesses müssen die Kastanien regelmäßig mit einem Rechen/einer Harke bewegt werden, damit sie nicht verbrennen. Je langsamer dies geschieht, desto schöner und haltbarer sind die getrockneten Früchte. Der Rauch trocknet aber nicht nur, er vernichtet auch Ungeziefer. Durch den Rauch bekommen die Kastanien einen unverwechselbaren, kräftigen, rauchähnlichen Geschmack.

Nach dem Trocknen werden die Früchte in Jutesäcke gefüllt und von Hand über Hackstöcke geschlagen, bis sich die Schale von der Frucht löst. In mühsamer Handarbeit werden Früchte und Schalen aussortiert.

Wenn die Kastanien noch nach alter Tradition über dem Holzfeuer getrocknet worden sind, ist dies auf der Verpackung deklariert. Bei der Arbeit zu diesem Buch habe ich stets naturgetrocknete "Maroni" verwendet. Wer die teureren, aber naturbelassenen Früchte aus dem Bergell kauft, leistet zudem einen Beitrag zur Einkommensverbesserung der Bauern in der Region.

Die getrockneten Kastanien, aus denen übrigens auch das Kastanienmehl hergestellt wird, sind bei trockener, kühler Lagerung mindestens 12 Monate oder länger haltbar. Die Hersteller der Bergeller Kastanien geben 24 bis 36 Monate an. Ein idealer Notvorrat! Bei zu warmer Lagerung kann es zu Wurmbefall kommen.

Getrocknete Kastanien kann man im Supermarkt, teilweise im Bioladen, im Reformhaus und auch im Gemüseladen oder im italienischen Gemüse- und Delikatessenladen kaufen. Erhältlich sind sie im Herbst und Winter – häufig aber auch das ganze Jahr.

Die getrockneten Kastanien werden am besten über Nacht in kaltem Wasser eingeweicht und anderntags gekocht. Schneller und ohne vorheriges Einwei-

chen geht die Zubereitung im Dampfkochtopf (Seiten 26 und 27).

Die Kastanien bekommen durch den Trocknungsprozeß ein intensives Aroma. Man muß sich unter Umständen zuerst an diesen kräftigen Geschmack gewöhnen. Speisen aus getrockneten Kastanien sind im Geschmack ebenfalls sehr viel kräftiger als Speisen, welche mit frischen Kastanien zubereitet wurden. Grundsätzlich können alle Gerichte mit frischen Kastanien auch mit getrockneten hergestellt werden. Wem der Geschmack zu stark ist, der verwendet besser frische oder die vielerorts erhältlichen tiefgekühlten Früchte.

Im Tessin (Erboristeria, Bedigloria) wurden in den vergangenen Jahren Versuche gemacht, die frischen Kastanien bei niedriger Temperatur schonend zu trocknen. Großer Vorteil dieser Methode: kein Rauchgeschmack. Diese Früchte sollen nun im Herbst 1996 erstmals in den Handel (Bioladen, Reformhaus) kommen.

Kastanienmehl

Für das Mehl werden getrocknete Kastanien gemahlen, deshalb der kräftige Geschmack. In der Regel wird das Kastanienmehl mit Getreidemehl gemischt, damit das Gebäck oder die Speise nicht ein zu intensives Aroma bekommt. Eine Mischung aus $1/3$ Kastanienmehl und $2/3$ anderem Mehl ist ideal.

Bei hausgemachten Nudeln, Pfannkuchen/Omeletten und Spätzle verwende ich bis zu 50% Kastanienmehl, da mir bei diesen Gerichten der etwas intensivere Geschmack zusagt. Experimentieren Sie selber ein wenig! Besonders geeignet ist das Kastanienmehl für die Herstellung von kräftigen, aromatischen Suppen.

Das Kastanienmehl ist bei trockener, kühler Lagerung, am besten in einem Vorratsglas, rund 12 Monate haltbar. Erhältlich ist es im Bioladen, im Reformhaus und oft auch im italienischen Gemüseladen.

Kastanienflocken

Die Flocken werden aus getrockneten Kastanien hergestellt. In der Schweiz gibt es von der Firma Holle Kastanienflocken, die aus Schweizer Kastanien hergestellt werden. Sie können für die Zubereitung einer schnellen Suppe, für ein Müsli oder für Nachspeisen verwendet werden.

Auch für die Kleinkinderernährung, vor allem bei Zöliakie, sind Kastanienflocken eine gute Alternative zu Getreideflocken. Sie sollten kühl, trocken und vor Fremdgeruch geschützt aufbewahrt werden. Bei zu langer Lagerung werden sie gerne ranzig. Haltbarkeit: rund 6 Monate.

Tiefgekühlte Kastanien

Im Supermarkt und anderen Lebensmittelläden kann man meist während des ganzen Jahres tiefgekühlte, geschälte Kastanien kaufen.

Tiefgekühlte Kastanien sind sehr praktisch, da sie wie frische schmecken. Das zeitaufwendige Schälen entfällt. Gefrorene Kastanien sind deshalb auch für die schnelle Küche gut geeignet. Bezüglich Nährwert sind die tiefgekühlten Kastanien den frischen ebenbürtig. Aber es gibt nicht nur Vorteile! Tiefkühlen ist eine sehr energieaufwendige Konservierungsmethode. In der chinesischen Ernährungslehre wird von tiefgekühlten Produkten abgeraten, da sie energetisch den Organismus stark kühlen. Ich empfehle Ihnen daher, die sehr gesunden Kastanien wenn immer möglich frisch oder aus dem Glas oder getrocknet zu verwenden.

Kastanien im Glas

Im Handel gibt es auch im Glas konservierte Kastanien. Sie sind den tiefgefrorenen Früchten in jedem Fall vorzuziehen. Ich lernte dieses Produkt während eines Aufenthaltes in der Ardèche (Südwestfrankreich) kennen. Sie sind in Bioläden und Reformhäusern erhältlich. Auch Gemüseläden und Feinkost/Delikatessenläden verkaufen Kastanien im Glas. Oder vielleicht nehmen Sie Ihren Jahresvorrat das nächste Mal aus der Ardèche mit nach Hause! Ähnlich wie im Bergell werden die Kastanien in der Ardèche auch heute noch in mühsamer Handarbeit auf den Biohöfen verarbeitet. Sie unterstützen mit dem Kauf dieser Produkte die Bauern in den abgelegenen Tälern und anderen Randregionen. Tiefkühlware kommt immer aus großen Plantagen in Italien und Frankreich, wo die Früchte industriell verarbeitet werden.

Kastaniennudeln

Kastaniennudeln wird in der Regel ein Teil Vollkornmehl beigemischt. Erhältlich sind die im Tessin und im Bergell in Kleinbetrieben hergestellten Nudeln im Bioladen, im Reformhaus und in der Drogerie. Mit dem Kauf der Nudeln unterstützen Sie den Erhalt der Kastanienselven in diesen Regionen. Genuß, Umwelt- und Kulturgedanken lassen sich so auf angenehme Weise verbinden.

Kastanienpüree

Das mit Zucker gesüßte Fertigprodukt ist im Supermarkt als Tiefkühlprodukt erhältlich. In der Schweiz bieten zudem der Bioladen und das Reformhaus ein tiefgekühltes Kastanienpüree an, das mit Birnendicksaft gesüßt ist.

Kastanien-Honig-Aufstrich

Erhältlich im Bioladen und im Reformhaus.

Kastanienhonig

Der Kastanienhonig ist ein kostbares Nebenprodukt der Kastaniengewinnung. Angelockt werden die Bienen von den männlichen Blüten der Edelkastanie. Der Honig hat einen hohen Pollengehalt. In der Volksheilkunde gilt der Kastanienblütenhonig als blutreinigend, kräftigend und hilfreich bei Neigung zu Thrombosen und Krampfadern. Kastanienhonig hat einen sehr eigenen, kräftigen Geschmack. Zum Süßen ist er meist zu geschmacksintensiv. Genießen Sie ihn daher einfach als kräftigenden Brotaufstrich.

Kastanienlikör

Der süße Likör auf Kastanienbasis ist eine Spezialität aus der Ardèche. Leider habe ich ihn hier im Handel noch nicht entdeckt. Als Ersatz kann Amaretto verwendet werden.

Kastanien in Cognac eingelegt

Erhältlich im Feinkost-/Delikatessenladen; sie wurden im Buch nicht verwendet. Sie können gekochte Kastanien über Nacht in Cognac marinieren.

Glasierte Kastanien

Diese sehr zuckerhaltigen Kastanien sollten in einer gesunden Ernährung nicht verwendet werden. Man kann stattdessen Kastanien in Birnendicksaft kochen und so als Nachspeise oder als Beilage zu Wild reichen.

Praktische Tips

1 kg frische Kastanien ergeben 850 g geschälte Kastanien

Je nach Gericht rechnet man pro Person 200 bis 250 g frische Kastanien samt Schale

Frische Kastanien schälen

Das Schälen frischer Kastanien ist sehr zeitaufwendig. Leider gibt es kein Geheim- oder Patentrezept, das diese Arbeit erleichtern würde.

1. Die frischen Kastanien mit einem Kastanienmesser oder einem spitzen Küchenmesser rundum einkerben.
2. Eingekerbte Kastanien ins kochende Wasser geben. Nicht zu viele Früchte aufs Mal, damit das Wasser nicht zu stark abkühlt und damit man die Kastanien innert kurzer Zeit möglichst heiß schälen kann. Kastanien 3 bis 6 Minuten kochen. Nie länger als 6 Minuten, da sie sonst zu weich werden.
3. Die Kastanien so heiß wie möglich, am besten mit Handschuhen, schälen.
4. Weitere Verarbeitung: siehe Rezepte.

Frische Kastanien tiefkühlen

1. Die frischen Kastanien mit dem Kastanienmesser oder einem spitzen Küchenmesser rundum einkerben.

2. Eingekerbte Kastanien samt Schale tiefkühlen.
3. Kastanien im gefrorenen Zustand ins kochende Wasser geben. Weiteres Vorgehen: siehe "frische Kastanien schälen", Punkte 2 und 3.

Getrocknete (gedörrte) Kastanien

Grundsätzlich können für jedes Rezept anstelle der frischen Kastanien getrocknete Früchte verwendet werden. Die Gerichte werden im Geschmack allerdings viel intensiver.

Variante 1

1. Die getrockneten Kastanien über Nacht in reichlich kaltem Wasser einlegen. Einweichwasser anderntags weggießen.
2. Dunkle Häutchen entfernen und braune Stellen wegschneiden.
3. Geputzte Kastanien mit kaltem Wasser aufsetzen. Aufkochen und 45 Minuten auf kleinem Feuer zugedeckt garen. Wasser weggießen.
4. Kastanien weiterverarbeiten gemäß Rezept.

Wichtig: Wenn in den Rezepten geschälte Kastanien durch gegarte getrocknete (gedörrte) Kastanien ersetzt werden, dürfen diese erst dem fertigen Gericht beigegeben werden.

Variante 2

- ◆ 200 g getrocknete Kastanien
- ◆ ¹/₂ l Wasser

1. Kastanien zusammen mit dem Wasser in den Dampfkochtopf geben. 30 Minuten auf Stufe 1 garen. Dampfkochtopf öffnen.
2. Kastanien putzen, indem man die dunklen Häutchen entfernt und die braunen Stellen wegschneidet.
3. Kastanien weiterverarbeiten gemäß Rezept.

Variante 3

- ◆ 200 g getrocknete Kastanien
- ◆ ¹/₂ l Wasser

1. Die getrockneten Kastanien über Nacht in reichlich kaltem Wasser einlegen. Einweichwasser anderntags weggießen.
2. Kastanien putzen, indem man die dunklen Häutchen entfernt und die braunen Stellen wegschneidet.
3. Kastanien zusammen mit dem Wasser in den Dampfkochtopf geben. 15 Minuten auf Stufe 1 garen. Auf der ausgeschalteten Wärmequelle im geschlossenen Topf 15 Minuten nachquellen lassen.
4. Kastanine weiterverarbeiten gemäß Rezept.

Kastanien im Glas (Fertigprodukt)

1. Kastanien aus dem Glas sind eßbereit und können gleich wie gegarte Kastanien verwendet werden.

Wichtig: Wenn in den Rezepten geschälte Kastanien durch Glaskastanien ersetzt werden, dürfen diese erst dem fertigen Gericht beigegeben werden.

Tiefgekühlte, geschälte Kastanien (Fertigprodukt)

1. Kastanien im gefrorenen Zustand in den Kochtopf geben und im Dampf garen (10 bis 12 Minuten) oder gemäß Rezept verarbeiten.

Kastanien pürieren

1. Kastanien im Dampf sehr weich garen.
2. Kastanien in einer Moulinette oder in einem Mixerglas pürieren oder durch das Passetout/Passevite drehen.
Tip: Kastanienpüree mit Birnendicksaft süßen. Erhitzen. In Sterilisiergläser füllen. Siehe "Kastanien sterilisieren", nächstes Kapitel. Auch ein neutrales Püree kann so konserviert werden.

Kastanien ohne Flüssigkeit sterilisieren

1. Frische Kastanien schälen (Seite 26).
2. Die geschälten, trockenen Kastanien in saubere Gläser füllen. Den Glasrand mit einem trockenen Tuch ganz sauber abwischen. Deckel und Gummiring in heißem Wasser auskochen und sorgfältig auf das Glas setzen. Mit dem Bügel schließen oder Klammer anbringen. Oder Schraubdeckel gut zudrehen.
3. Gitter oder gefaltetes Küchentuch auf den Boden eines hohen, weiten Kochtopfes legen. Gläser daraufstellen. Die Gläser müssen beschwert werden, da sie sonst schwimmen. Topf bis $^3/_4$ Glashöhe mit kaltem Wasser füllen.
4. Das Wasser auf höchster Stufe aufkochen. Sobald es den Siedepunkt von rund 100 Grad erreicht hat, auf niedrigere Stufe zurückschalten. Das Wasser muß konstant leicht kochen. Eventuell mit dem Thermometer messen. Sterilisierzeit: 40 Minuten.
Tip: Sterilisiertopf gemäß Gebrauchsanweisung bedienen.

Kastanien mit Flüssigkeit sterilisieren

1. Frische Kastanien schälen (Seite 26)
2. Eine Lösung aus 1 Liter Wasser und 20 g Meersalz herstellen.
3. Die geschälten Kastanien in saubere Gläser füllen. Das Salzwasser bis auf $^2/_3$ Glashöhe einfüllen.

4. Deckel und Gummiring in heißem Wasser auskochen. Sorgfältig auf das Glas setzen. Mit dem Bügel schließen oder Klammer anbringen. Oder Schraubdeckel gut zudrehen.
5. Gitter oder gefaltetes Küchentuch auf den Boden eines hohen, weiten Kochtopfs legen. Gläser daraufstellen. Topf bis $^3/_4$ Glashöhe mit kaltem Wasser füllen.
6. Auf höchster Stufe aufkochen. Sobald das Wasser den Siedepunkt von rund 100 Grad erreicht hat, auf niedrigere Stufe zurückschalten. Das Wasser muß konstant leicht kochen. Die Temperatur kann mit dem Thermometer gemessen oder durch Beobachten festgestellt werden. Wenn im Einmachglas kleine Bläschen aufsteigen, kocht der Glasinhalt. Sterilisierzeit: 20 Minuten.
Variante: Für süße Kastanien 1 Liter Wasser und 300 g Vollrohrzucker aufkochen, dann abkühlen lassen. Ansonsten gleiches Vorgehen wie oben beschrieben.

Gebratene Kastanien

1. Frische Kastanien waschen und auf der gewölbten Seite einschneiden.
2. Kastanien auf ein mit Wasser gespültes Blech verteilen.
3. Früchte im vorgeheizten Ofen bei 220 Grad auf mittlerem Einschub 30 bis 40 Minuten backen. Heißluftofen: 180 Grad. Kastanien von Zeit zu Zeit schütteln, eventuell mit wenig Wasser besprizten. Heiß servieren.

REZEPTE

Linsen-Kastanien-Suppe mit Curry

- ◆ 1 EL Butterschmalz/Bratbutter
- ◆ 150 g rote Linsen
- ◆ 150 g geschälte Kastanien (S. 26)
- ◆ 2 TL milder Curry
- ◆ 2 TL Kurkuma/Gelbwurz
- ◆ 1,2 l Gemüsebrühe/-bouillon
- ◆ Kräutermeersalz
- ◆ 100 g Crème fraîche
- ◆ 1 Sträußchen Petersilie, fein gehackt

1. Butterschmalz erhitzen, die Linsen und Kastanien darin anschwitzen. Curry und Kurkuma darüberstreuen. Mit der Gemüsebrühe ablöschen. Aufkochen und rund 20 Minuten köcheln lassen, bis die Kastanien weich sind. Pürieren.

2. Kastaniensuppe zusammen mit der Crème fraîche aufkochen. Abschmekken. Die Petersilie darüberstreuen.

Feine Kastaniensuppe mit Majoran

- ◆ 500 g geschälte Kastanien (S. 26)
- ◆ 1 l Gemüsebrühe/-bouillon
- ◆ 150 g/1,5 dl Schlagsahne/Rahm
- ◆ Kräutermeersalz
- ◆ 1 TL Gelbwurz/Kurkuma
- ◆ 50 g/0,5 dl Schlagsahne/Rahm für die Garnitur
- ◆ reichlich frischer Majoran, fein gehackt

1. Die Kastanien in der Gemüsebrühe weich kochen, rund 10 Minuten. Pürieren.

2. Kastaniensuppe zusammen mit der Sahne aufkochen. Würzen.

3. Suppe anrichten. Mit einem Klecks steifgeschlagener Sahne und dem Majoran garnieren.

Tip: Die Suppe kann auch mit getrockneten Kastanien zubereitet werden. Der Geschmack ist dann intensiver.

Abbildung

Schnelle Kastaniensuppe

- 50 g Kastanienflocken
- 1 EL Butter
- 400 ml/4 dl Gemüsebrühe/
  -bouillon
- 300 ml/3 dl Vollmilch oder halb
  Milch/halb Schlagsahne/Rahm
- Pfeffer aus der Mühle
- Kräutermeersalz
- wenig Zitronensaft
- ½ Bund frisches Basilikum,
  fein geschnitten
- 2 Scheiben Vollkornbrot,
  klein gewürfelt
- wenig Butter

1. Die Kastanien einflocken, in der Butter leicht rösten. Mit der Gemüsebrühe und der Milch ablöschen. Die Suppe aufkochen und würzen. Einige Minuten quellen lassen.

2. Die Brotwürfelchen in wenig Butter braten.

3. Die Kastaniensuppe aufkochen, eventuell nachwürzen und mit dem Zitronensaft abschmecken. Anrichten. Mit dem Basilikum und den Brotwürfelchen bestreuen.

Pilzsuppe

- 400 g Champignons oder
  Pfifferlinge/Eierschwämmchen
- 2 EL Butterschmalz/Bratbutter
- 1 kleine Zwiebel, fein gehackt
- 4 EL Kastanienmehl
- 800 ml/8 dl Gemüsebrühe/
  -bouillon
- 200 g/2 dl Schlagsahne/Rahm
- 1 EL frischer Thymian, fein gehackt
- Kräutermeersalz
- Schlagsahne/Rahm, für die
  Garnitur
- 1 Sträußchen Petersilie,
  fein gehackt

1. Pilze je nach Größe vierteln, halbieren oder in Scheiben schneiden.

2. Die Zwiebeln im Butterschmalz anschwitzen. Die Pilze dazugeben und scharf anschwitzen. Mit dem Kastanienmehl bestäuben, leicht dünsten. Mit der Gemüsebrühe ablöschen. Unter Rühren aufkochen und 5 bis 8 Minuten auf kleinem Feuer köcheln lassen. Die Sahne dazugeben. Abermals aufkochen. Den gehackten Thymian dazugeben und mit dem Kräutersalz würzen.

3. Die Suppe anrichten. Einen Klecks geschlagene Sahne daraufgeben. Mit der Petersilie bestreuen.

Urschwizer Kastaniensuppe

Kastaniensuppe aus der Innerschweiz

- 1 EL Butterschmalz/Bratbutter
- 1 kleine Zwiebel, fein gehackt
- 300 g geschälte Kastanien (S. 26)
- 250 ml/2,5 dl Vollmilch
- 700 ml/7 dl Gemüsebrühe/ -bouillon
- Pfeffer aus der Mühle
- Meersalz
- Muskatnuß
- wenig Butter
- 3 Scheiben Vollkornbrot, klein gewürfelt
- 50 g geriebener Sbrinz

1. Die Zwiebeln in der Butter anschwitzen. Kastanien, Milch und Gemüsebrühe dazugeben. Aufkochen und würzen. Die Suppe auf kleinem Feuer 10 bis 15 Minuten köcheln lassen. Pürieren.

2. Die Brotwürfelchen in der Butter braten.

3. Kastaniensuppe aufkochen und abschmecken. Anrichten. Mit den Brotwürfelchen und dem Käse bestreuen.

Tip: Diese Suppe ist zusammen mit einem bunten Salat eine sättigende Mahlzeit.

Kastanien-Rosenkohl-Suppe

- 1 EL Butterschmalz/Bratbutter
- 1 Zwiebel, fein gehackt
- 250 g Rosenkohl, zerkleinert
- 200 g geschälte Kastanien (S. 26)
- 1 EL getrockneter Majoran
- 1 Prise Zimtpulver
- Muskatnuß
- 1 Msp Ingwerpulver
- 1 l Gemüsebrühe/-bouillon
- Kräutermeersalz
- 150 g/1,5 dl Schlagsahne/Rahm, davon 1/3 für die Garnitur
- Petersilie, fein gehackt

1. Die Zwiebeln in der Butter anschwitzen. Zuerst den Rosenkohl, dann die Kastanien und die Gewürze dazugeben und mit anschwitzen. Mit der Gemüsebrühe ablöschen. Aufkochen und auf kleinem Feuer zugedeckt rund 20 Minuten köcheln lassen, bis die Kastanien und der Rosenkohl weich sind. Suppe pürieren.

2. Die Suppe zusammen mit der Sahne aufkochen. Abschmecken.

3. Kastaniensuppe anrichten. Mit einem Klecks geschlagener Sahne und der Petersilie garnieren.

Kastaniensalat
mit Käse und Nüssen

- 200 g geschälte Kastanien (S. 26)
- 1 krauser Kopfsalat/Friséesalat
- 100 g Roquefort, gewürfelt
- 100 g Greyerzer Käse, gewürfelt
- 100 g Walnuß-/Baumnußkerne, gehackt

Vinaigrette

- 3 EL Apfel- oder Honigessig
- Kräutermeersalz
- Pfeffer aus der Mühle
- 4 EL kaltgepreßtes Olivenöl extra vergine oder kaltgepreßtes Walnuß-/Baumnußöl
- 1 Bund Schnittlauch, fein geschnitten

1. Kastanien im Dampf rund 12 Minuten garen. Auskühlen lassen.

2. Den Kopfsalat in die einzelnen Blätter zerlegen und in Streifen schneiden.

3. Die Zutaten für die Vinaigrette zu einer dickflüssigen Sauce rühren.

4. Vinaigrette mit den übrigen Zutaten gut mischen.

Abbildung
Brüsseler Endivie mit Trauben und Kastanien

Brüsseler Endivie
mit Trauben und Kastanien

- 200 g geschälte Kastanien
- 2 weiße Brüsseler Endivien/ weißer Chicorée
- 2 mittelgroße rote Äpfel
- 200 g blaue Trauben, halbiert
- 200 g geschälte Kastanien (S. 26)
- 1 EL kaltgepreßtes Olivenöl extra vergine

Marinade

- 3 – 4 EL Balsamico-Essig
- 5 EL kaltgepreßtes Haselnußöl
- ½ Bund frischer Majoran, fein gehackt
- Pfeffer aus der Mühle
- Kräutermeersalz

1. Die Kastanien im Dampf rund 10 Minuten garen. Auskühlen lassen.

2. Die Brüsseler Endivien längs halbieren, Strunk keilförmig herausschneiden und die Stangen in Streifen schneiden.

3. Die Äpfel samt Schale vierteln, Kerngehäuse entfernen, Apfelviertel quer in feine Scheiben schneiden.

4. Die Kastanien im Öl kurz braten.

5. Äpfel, Trauben und die noch leicht warmen Kastanien mit der Sauce mischen. 30 Minuten marinieren.

6. Die Endivienstreifen unter den Salat mischen. Abschmecken.

Selleriesalat mit Kastanien und Äpfeln

- 250 g geschälte Kastanien (S. 26)
- 200 g Stauden-/Stangensellerie oder 200 g Knollensellerie
- 2 säuerliche Äpfel
- Saft einer Zitrone oder 4 EL Apfelessig
- 1 Bund Schnittlauch, fein geschnitten
- roter Radicchio/Cicorino rosso, für die Garnitur

Sauce

- 2 EL Balsamico-Essig
- 1 TL Senf
- Pfeffer aus der Mühle
- Kräutermeersalz
- 4 – 5 EL kaltgepreßtes Olivenöl extra vergine

1. Kastanien im Dampf rund 12 Minuten garen. Abkühlen lassen.

2. Die Äpfel vierteln, das Kerngehäuse entfernen und die Fruchtviertel in Spalten schneiden.

3. Sellerie, Äpfel und Kastanien mit dem Zitronensaft mischen. Die Kastanien dazugeben. Mit der Sauce mischen.

4. Den Salat auf dem Radicchio anrichten. Den Schnittlauch darüberstreuen.

Rosenkohl-Kastanien-Salat mit Räucherlachs

- 400 g Rosenkohl
- 200 g geschälte Kastanien (S. 26)
- 1½ EL kaltgepreßtes Olivenöl
- 150 g Räucherlachs, gewürfelt
- 1 Sträußchen glatte Petersilie, fein gehackt
- Pfeffer aus der Mühle
- 2 EL Aspretto di Brunello (Bioladen/Reformhaus) oder Balsamico-Essig
- 1 EL Balsamico-Essig
- 4 EL kaltgepreßtes Haselnußöl
- Kräutermeersalz
- 1 Msp abgeriebene Schale einer unbehandelten Zitrone

1. Die Kastanien im Dampf 10 Minuten garen. Abkühlen lassen.

2. Den Rosenkohl je nach Größe halbieren oder ganz lassen. In wenig Gemüsebrühe oder im Siebeinsatz im Dampf 5 bis 8 Minuten knackig garen.

3. Die Kastanien halbieren, im Olivenöl leicht braten.

4. Die noch lauwarmen Kastanien mit dem Rosenkohl und dem Lachs mischen. Die restlichen Zutaten dazugeben und den Salat rund 30 Minuten ziehen lassen. Abschmecken.

Tip: Den Salat auf rotem Radicchio anrichten.

Süß-saure Kastanien mit Fenchel

- ◆ 150 g geschälte Kastanien (S. 26)
- ◆ 1 großer, säuerlicher Apfel
- ◆ Saft einer halben Zitrone
- ◆ 1 EL Butterschmalz/Bratbutter
- ◆ 200 g Fenchel, in sehr feinen Scheiben
- ◆ Meersalz
- ◆ 1 EL Rosinen
- ◆ 1 Prise Cayennepfeffer
- ◆ 2 – 3 EL Wasser
- ◆ 4 EL Schlagsahne/Rahm oder Crème fraîche

1. Die Kastanien im Dampf rund 12 Minuten garen.

2. Den Apfel samt Schale vierteln, das Kerngehäuse entfernen. Die Fruchtviertel in feine Spalten schneiden. Sofort mit dem Zitronensaft mischen.

3. Apfelspalten und Kastanien mischen.

4. Fenchel im Butterschmalz so lange anschwitzen, bis die Scheiben zerfallen. Salzen. Kastanien-Apfel-Mischung, Rosinen und Pfeffer zum Fenchel geben. Mit dem Wasser ablöschen. Auf kleinem Feuer rund 5 Minuten schmoren lassen. Das Gericht mit der Sahne verfeinern. Abschmecken.

Tip: Als warme Vorspeise oder als Gemüsebeilage servieren.

Kastanien-Rosmarin-Fladen

- ◆ 300 g Kastanienmehl
- ◆ 800 ml/8 dl lauwarmes Wasser
- ◆ 1 TL Meersalz
- ◆ 1 TL Kümmel
- ◆ 1 TL Gemüsebrüheextrakt
- ◆ 2 EL Butter
- ◆ 1 TL frische Rosmarinnadeln, fein gehackt

1. Ofen auf 180 Grad vorheizen.

2. Das lauwarme Wasser unter das Kastanienmehl rühren. Würzen mit Salz, Kümmel und Gemüsebrüheextrakt.

3. Den Teig nicht höher als 2 bis 3 cm in eine gebutterte runde Kuchenform füllen. Mit Butterflocken belegen und den gehackten Rosmarinnadeln bestreuen.

4. Fladen im vorgeheizten Ofen auf mittlerem Einschub 40 bis 50 Minuten backen.

Info: Der Kastanien-Rosmarin-Fladen hat im Tessin und in der Toscana eine lange Tradition. Man serviert ihn zu Wein und Kaffee.

Kastanien-Käse-Soufflé

für 4 – 6 Personen

- 60 g Butter
- 40 g Kastanienmehl
- 250 ml/2,5 dl Vollmilch
- Kräutermeersalz
- Pfeffer aus der Mühle
- Muskatnuß
- 100 g Greyerzer Käse, gerieben
- edelsüßes Paprikapulver
- 3 Freilandeier
- Butter für die Form

1. Das Mehl in der Butter kurz anschwitzen. Die Milch dazugeben und unter Rühren aufkochen. Auf kleinem Feuer köcheln lassen, bis die Masse bindet. Würzen. Auskühlen lassen.

2. Portionsförmchen ausbuttern und mit Mehl bestäuben.

3. Ofen auf 200 Grad vorheizen.

4. Eigelb und Käse unter die Mehlmasse rühren. Das zu Schnee geschlagene Eiweiß darunterziehen.

5. Soufflémasse in die vorbereiteten Förmchen füllen. Im vorgeheizten Ofen auf mittlerem Einschub rund 35 Minuten backen. Nadelprobe machen.

Abbildung
Auberginen-Kastanien-Dip

Auberginen-Kastanien-Dip

- 200 g geschälte Kastanien (S. 26)
- 2 EL kaltgepreßtes Olivenöl
- 1 Zwiebel, fein gehackt
- 1 Knoblauchzehe
- 200 g Auberginen, gewürfelt
- 1 TL Provencekräuter
- Kräutermeersalz
- Pfeffer aus der Mühle
- 100 ml/1 dl Gemüsebrühe/ -bouillon
- 150 ml kaltgepreßtes Olivenöl
- 1 Sträußchen Petersilie, gehackt
- Basilikum, fein geschnitten

1. Kastanien im Dampf 12 Minuten garen.

2. Das Olivenöl (2 EL) erwärmen. Zwiebeln und durchgepreßten Knoblauch darin anschwitzen. Auberginenwürfel und Provencekräuter dazugeben und mit anschwitzen. Mit Salz und Pfeffer würzen. Mit der Gemüsebrühe ablöschen. Zugedeckt 5 bis 8 Minuten weich dünsten. Auskühlen lassen.

3. Kastanien und Auberginen fein pürieren. Das Olivenöl darunterarbeiten. Mit Pfeffer und Kräutersalz würzen. Die frischen Kräuter dazugeben.

Tip: Dip in ausgehöhlte Tomaten und Gurken oder in Blätter von weißer Brüsseler Endivie füllen. Zum Aperitif servieren.

anien-Mais-Medaillons

- 100 g geschälte Kastanien (S. 26)
- 400 ml/4 dl Gemüsebrühe/ -bouillon
- 100 g feiner Maisgrieß
- 1 EL Petersilie, fein gehackt
- Butterschmalz/Bratbutter zum Braten

Pilz-Pfeffer-Sauce

- 1 EL Butterschmalz/Bratbutter oder Olivenöl
- 200 g Champignons, in feinen Scheiben
- 1 kleine Zwiebel, fein gehackt
- 2 durchgepreßte Knoblauchzehen
- 1 EL grüne Pfefferkörner aus dem Glas
- 150 ml/1,5 dl trockener Weißwein
- 1 EL Sojasauce
- ½ TL edelsüßes Paprikapulver
- Kräutermeersalz

1. Die Kastanien 12 Minuten im Dampf garen, dann fein hacken.

2. Die Gemüsebrühe aufkochen und den Maisgrieß einrieseln lassen. Unter Rühren auf kleinem Feuer köcheln lassen. Sobald der Mais einzudicken beginnt, die gehackten Kastanien und die Petersilie dazugeben. Auf kleinem Feuer weiterköcheln lassen, bis die Masse fest ist. Maisbrei auf einem gebutterten Blech 1 cm dick ausstreichen. Auskühlen lassen.

3. Für die Sauce die Zwiebeln im Butterschmalz anschwitzen. Die Pilze dazugeben und scharf anschwitzen. Knoblauch und Pfefferkörner dazugeben und ebenfalls anschwitzen. Mit dem Weißwein ablöschen. Aufkochen und auf kleinem Feuer etwas einköcheln lassen. Würzen.

4. Aus dem Mais mit einem runden Ausstecher Rondellen ausstechen oder mit dem Messer beliebige Formen schneiden. Im Butterschmalz von beiden Seiten goldgelb braten.

Tip: Mit einem Lauchgemüse servieren.

Lasagne mit Kastanien-Gemüse-Füllung

- 200 g Vollkorn-Lasagneblätter
- 150 g Mozzarella, gehackt

Kastanienbolognese

- 200 g geschälte Kastanien (S. 26)
- 2 EL kaltgepreßtes Olivenöl extra vergine oder 2 EL Butterschmalz/Bratbutter
- 1 Zwiebel, fein gehackt
- 1 durchgepreßte Knoblauchzehe
- 300 g Möhren/Karotten, in feinen Stäbchen
- 200 g Lauch/Porree, in Scheiben
- 100 g Knollensellerie, in Stäbchen
- 150 g Brokkoli, in kleinen Röschen
- 1 EL getrocknete Provencekräuter
- 600 – 700 ml/6 – 7 dl Gemüsebrühe/-bouillon
- je 1 Prise Muskat und Paprika
- Pfeffer aus der Mühle
- 2 EL Petersilie, fein gehackt
- ½ Bund Basilikum, fein geschnitten

Bechamelsauce

- 300 ml/3 dl Gemüsebrühe/-bouillon
- 300 g/3 dl Schlagsahne/Rahm
- 2 EL Pfeilwurzelmehl
- Meersalz
- Pfeffer aus der Mühle

1. Kastanien im Dampf rund 10 Minuten garen, dann grob hacken.

2. In einer weiten Pfanne im mäßig heißen Olivenöl oder im Butterschmalz Zwiebeln und Knoblauch anschwitzen. Möhren, Lauch, Sellerie, Brokkoli und Provencekräuter dazugeben und mit anschwitzen. Mit der Gemüsebrühe ablöschen. Aufkochen und so lange zugedeckt köcheln lassen, daß das Gemüse noch Biß hat. Kastanien, Petersilie und Basilikum dazugeben. Würzen.

3. Für die Bechamelsauce das Pfeilwurzelmehl mit wenig Wasser anrühren. Milch, Gemüsebrühe und Pfeilwurzelmehl unter ständigem Rühren aufkochen. Einige Minuten köcheln lassen. Abschmecken.

4. Ofen auf 200 Grad vorheizen.

5. Eine rechteckige Gratinform mit Butter ausstreichen. Einen Drittel der Bechamelsauce in die Form gießen. Den Boden mit den rohen oder gekochten Lasagneblättern (Packungsbeschrieb beachten) auslegen. Es folgen eine Lage Bolognese, dann eine Lage Lasagneblätter, eine Lage Bolognese und nochmals eine Lage Lasagneblätter. Mit der Bechamelsauce übergießen und der Mozzarella bestreuen.

6. Lasagne im Ofen auf mittlerem Einschub 30 Minuten backen.

Variante: Statt gekaufter Lasagneblätter können aus dem Nudelrezept (Seite 67) Lasganeblätter hergestellt werden.

Apfel-Kastanien-Gemüse

- 1 Zwiebel, in feinen Scheiben
- 2 EL Butterschmalz/Bratbutter
- 300 g geschälte Kastanien (S. 26)
- 1 Msp Majoran
- 300 ml/3 dl Wasser
- 2 – 3 säuerliche Äpfel, in Spalten
- Meersalz
- frischer Majoran
- Crème fraîche, nach Belieben

1. Die Zwiebelscheiben im Butterschmalz anschwitzen. Die Kastanien und den Majoran dazugeben und mit anschwitzen. Mit dem Wasser ablöschen. Zugedeckt auf kleinem Feuer rund 8 Minuten köcheln lassen. Die Apfelspalten dazugeben. Weitere 5 Minuten dünsten, bis die Äpfel gar sind. Mit Salz und frischem Majoran abschmecken.

2. Nach Belieben mit Crème fraîche verfeinern. Mit dem Majoran garnieren.

Tip: Als warme Vorspeise oder als Gemüse zusammen mit Fleisch oder Getreidebratlingen servieren.

Variante: Das Rezept kann auch als Süßspeise zubereitet werden. Dafür Kastanien in der Butter anschwitzen, mit Apfelsaft ablöschen. 8 Minuten köcheln lassen. Apfelspalten und eine Messerspitze Vanillepulver dazugeben. Weitere 5 Minuten auf kleinem Feuer garen. Mit wenig Honig süßen. Lauwarm servieren.

Kastanien-Lauch-Pfanne

- 1 EL kaltgepreßtes Olivenöl extra vergine
- 500 g geschälte Kastanien (S. 26)
- 600 g Lauch/Porree
- 1 Prise Muskatnuß
- 1 Msp Paprikapulver
- 1 TL Kurkuma/Gelbwurz
- ½ l Gemüsebrühe/-bouillon
- abgeriebene Schale einer unbehandelten Zitrone
- Crème fraîche
- frischer Majoran, fein gehackt

1. Die Kastanien im Olivenöl anschwitzen. Den Lauch dazugeben und kurz mit anschwitzen. Würzen. Mit der Gemüsebrühe ablöschen, aufkochen und zugedeckt auf kleinem Feuer 12 Minuten köcheln lassen, bis die Kastanien gar sind.

2. Mit wenig Crème fraîche und frischem Majoran abschmecken.

Tip: Wenn die Kastanien-Lauch-Pfanne eine Beilage ist, reichen 350 g Kastanien und 400 g Lauch.

Kastanien provençale

- 600 g geschälte Kastanien (S. 26)
- 2 EL kaltgepreßtes Olivenöl extra vergine
- 3 Knoblauchzehen
- 1½ EL Provencekräuter
- Kräutermeersalz
- 1 TL milder Curry
- 300 g/3 dl Schlagsahne/Rahm
- Pfeffer aus der Mühle
- 3 EL Greyerzer Käse, gerieben

1. Ofen auf 220 Grad vorheizen.

2. Die Kastanien im Olivenöl anschwitzen. Den Knoblauch dazupressen und mit anschwitzen. Provencekräuter darunterrühren. Würzen.

3. Die Kastanien in eine gebutterte Gratinform füllen. Mit der Sahne übergießen und mit Pfeffer würzen.

4. Kastaniengratin auf mittlerem Einschub 15 Minuten backen. Zuletzt noch etwas Käse darüberstreuen und 3 Minuten bräunen lassen.

Tip: Mit Salat und Saisongemüse servieren.

Abbildung
Kastanien-Kürbis-Curry

Kastanien-Kürbis-Curry

- 1 EL Butterschmalz/Bratbutter
- 1 Zwiebel, in dünnen Scheiben
- 700 g Kürbisfleisch, am besten Potimarron/Oranger Knirps, in Scheiben
- 400 g geschälte Kastanien (S. 26)
- 2 TL milder Curry
- 1 TL getrockneter Thymian
- 1 Prise Kurkuma/Gelbwurz
- 1 Prise Muskatnuß
- 1 Prise Paprikapulver
- 1 EL Pinienkerne oder Cashewnüsse
- 80 g Rosinen
- 400 ml/4 dl Gemüsebrühe/ -bouillon
- Kräutermeersalz
- Crème fraîche, nach Belieben
- ½ Sträußchen Petersilie, fein gehackt

1. Die Zwiebeln im Butterschmalz anschwitzen. Kürbis und Kastanien dazugeben und mit anschwitzen. Würzen. Pinienkerne und Rosinen darunterrühren. Mit der Gemüsebrühe ablöschen. Aufkochen und auf kleinem Feuer zugedeckt rund 12 Minuten köcheln, bis die Kastanien und der Kürbis gar sind.

2. Mit Crème fraîche und gehackter Petersilie garnieren.

Kastanien-Champignons-Braten

für eine Kastenform/Cakeform von 20 cm Länge

für 6 Personen

- 150 g geschälte Kastanien (S. 26)
- 1 EL Butterschmalz/Bratbutter
- ½ Zwiebel, fein gehackt
- 1 Knoblauchzehe, durchgepreßt
- 100 g Champignons, fein gehackt (am besten in der Moulinette)
- 1 TL getrockneter Thymian
- 1 EL Sojasauce
- 1 TL Gemüsebrüheextrakt
- 2 Freilandeier
- 100 g/1 dl Schlagsahne/Rahm
- 150 g Walnüsse/Baumnüsse, fein gerieben
- 75 g Vollkornsemmelbrösel/-paniermehl
- 2 Salbeiblätter, fein geschnitten
- 2 EL Petersilie, fein gehackt
- Kräutermeersalz

1. Kastanien im Dampf rund 12 Minuten garen. Fein pürieren.

2. Zwiebeln und Knoblauch im Butterschmalz anschwitzen. Pilze und Thymian dazugeben und mit anschwitzen. Mit der Sojasauce und dem Gemüsebrüheextrakt abschmecken. Abkühlen lassen.

3. Ofen auf 200 Grad vorheizen.

4. Kastenform gut ausbuttern.

5. Eier, Sahne, Nüsse, Vollkornsemmelbrösel und Kräuter verrühren.

6. Kastanienpüree, Pilze und Eimasse gut mischen. Würzen. In die gebutterte Kastenform füllen.

7. Kastanienbraten im vorgeheizten Ofen auf mittlerem Einschub rund 30 Minuten backen. Kalt oder warm servieren.

Kastanienterrine

....

für eine kleine ovale Terrineform

- ◆ 200 g getrocknete Kastanien
- ◆ 800 ml/8 dl Gemüsebrühe/
  -bouillon
- ◆ 1 EL Butterschmalz/Bratbutter
- ◆ 1 kleine Zwiebel, fein gehackt
- ◆ 1 Knoblauchzehe, fein gehackt
- ◆ 100 g geriebene Cashewnüsse
- ◆ 2 Freilandeier
- ◆ 2 EL Schlagsahne/Rahm
- ◆ 1 EL Cognac
- ◆ 2 EL Sojasauce
- ◆ 2 EL Petersilie, fein gehackt
- ◆ Kräutermeersalz
- ◆ Pfeffer aus der Mühle
- ◆ Paprikapulver
- ◆ milder Curry
- ◆ Muskatnuß

1. Getrocknete Kastanien über Nacht in kaltem Wasser einweichen. Das Wasser anderntags weggießen. Kastanien in der Gemüsebrühe im Schnellkochtopf 20 Minuten kochen. Brühe für eine Suppe aufbewahren. Kastanien fein pürieren.

2. Ofen auf 180 Grad vorheizen.

3. Zwiebeln und Knoblauch in der Butter anschwitzen. Abkühlen lassen.

4. Sämtliche Zutaten miteinander mischen. Gut würzen. Die Kastanienmasse in die gebutterte Terrineform füllen.

5. Kastanienterrine im vorgeheizten Ofen auf mittlerem Einschub 50 Minuten garen. Warm oder kalt servieren.

Tip: Mit einer Sauce Cumberland oder einem Chutney, Gemüse und Salat servieren.

Variante: Die Kastanienmasse in blanchierte Rotkohl-/-Kabisblätter oder Wirsing-/Wirzblätter füllen und zu Rouladen rollen. In einer gebutterten Gratinform rund 20 Minuten schmoren lassen.

Austernpilz-Kastanien-Ragout

- 1 EL Butterschmalz/Bratbutter
- 2 Schalotten oder
  1 kleine Zwiebel, fein gehackt
- 500 g Austernseitlinge, in Streifen
- 400 g geschälte Kastanien (S. 26)
- 1 TL milder Curry
- Pfeffer aus der Mühle
- 1 Prise Muskatnuß
- 2 EL Sojasauce
- 400 ml/4 dl Gemüsebrühe/
  -bouillon
- 2 EL Petersilie, fein gehackt
- Kräutermeersalz
- 1 Msp abgeriebene Schale einer
  unbehandelten Zitrone
- Crème fraîche, nach Belieben

1. Schalotten oder Zwiebeln im Butterschmalz anschwitzen. Pilze dazugeben und bei starker Hitze scharf anbraten. Kastanien dazugeben. Mit der Sojasauce und der Gemüsebrühe ablöschen. Aufkochen und auf kleinem Feuer zugedeckt 12 Minuten kocheln lassen, bis die Kastanien gar sind.

2. Das Ragout mit Petersilie, Kräutersalz und Zitronengelb abschmecken. Mit Crème fraîche verfeinern.

Tip: Mit Bandnudeln und Salat servieren.

Nonnas Kastanien-Grießschnitten

- 50 g geschälte Kastanien (S. 26)
- 250 ml/2,5 dl Vollmilch
- 100 g Dinkelgrieß
- 1 Msp Vanillepulver
- 1 Prise Kardamom
- abgeriebene Schale einer
  unbehandelten Orange
- 1 Prise Meersalz
- 1 Eigelb von einem Freilandei
- 50 g Dinkelgrieß
- Butterschmalz/Bratbutter, zum
  Braten

1. Die Kastanien im Dampf 12 Minuten garen. Pürieren.

2. Die Milch aufkochen, den Grieß (100 g) einrieseln und köcheln lassen, bis die Masse bindet. Pürierte Kastanien und Gewürze dazugeben.

3. Grießbrei in einer leicht gebutterten Form rechteckig ausstreichen und über Nacht kühl stellen.

4. Grießmasse in Stücke schneiden und diese zuerst im Eigelb, dann im Grieß wenden. Im Butterschmalz bei mäßiger Hitze beidseitig braten.

Tip: Mit einer Vanille- oder Fruchtsauce servieren.

Kastanienburger St. Pierreville

- 400 g geschälte Kastanien (S. 26)
- 2 Freilandeier
- 2 EL geriebener Greyerzer Käse
- 200 ml/2 dl Milch
- Kräutermeersalz
- 1 Prise Paprikapulver
- Pfeffer aus der Mühle
- Petersilie, fein gehackt
- Butterschmalz/Bratbutter oder Maiskeimöl zum Braten

1. Kastanien im Dampf rund 12 Minuten garen. Früchte fein hacken.

2. Sämtliche Zutaten miteinander mischen. Gut würzen.

3. In einer Bratpfanne das Butterschmalz oder das Maiskeimöl nicht zu stark erhitzen. Für jeden Burger einen gehäuften Eßlöffel Kastanienmasse in die Pfanne geben, flachdrücken und rund formen. Beidseitig langsam braten.

Tip: Mit Gemüse und Salat servieren.

Kastanien-Salbei-Ragout

- 2 kleine Zwiebeln, fein gehackt
- 4 EL kaltgepreßtes Olivenöl extra vergine
- 30 Salbeiblätter, fein geschnitten
- 800 g geschälte Kastanien (S. 26)
- ½ l Vollmilch
- Kräutermeersalz
- Pfeffer aus der Mühle

1. Die Zwiebeln im Olivenöl anschwitzen. Die fein geschnittenen Salbeiblätter dazugeben und mit anschwitzen. Die Kastanien dazugeben und das Ganze auf kleinem Feuer 5 Minuten dünsten. Die Zwiebeln dürfen nicht braun werden. Mit der Milch ablöschen. Mit Salz und Pfeffer würzen. Die Kastanien aufkochen und auf kleinem Feuer 8 bis 10 Minuten zugedeckt köcheln lassen. Achtung: möglichst nicht rühren, damit die Kastanien nicht zerfallen. Das Ragout sollte schön feucht sein. Wenn die Früchte viel Flüssigkeit aufnehmen, muß noch etwas Milch nachgegossen werden.

Tip: Das Ragout ist zusammen mit Gemüse und Salat eine komplette Mahlzeit. Als Beilage zu Reis reicht die halbe Rezeptmenge.

Abbildung

Kastaniengnocchi

- 120 g geschälte Kastanien (S. 26)
- 1 TL Butter
- 1 mittlere Zwiebel, fein gehackt
- 2 Knoblauchzehen
- 100 g feiner Roggenschrot
- 250 ml/2,5 dl Gemüsebrühe/-bouillon
- 2 Freilandeier
- 1 TL Sojasauce
- Kräutermeersalz
- Pfeffer aus der Mühle

Senfsauce

- 100 ml/1 dl Milch
- 2 TL Pfeilwurzelmehl
- 100 g/1 dl Schlagsahne/Rahm
- 2 TL grobkörniger Senf
- 2 Msp Kurkuma/Gelbwurz
- Meersalz

1. Die Kastanien im Dampf rund 12 Minuten garen. Pürieren.

2. Gehackte Zwiebeln und durchgepreßten Knoblauch in der Butter anschwitzen. Den Roggenschrot dazugeben und mit anschwitzen. Mit der Gemüsebrühe ablöschen. Den Schrot aufkochen und unter ständigem Rühren auf kleinem Feuer 15 Minuten köcheln lassen, bis sich die Masse vom Boden löst und sich ein Kloß gebildet hat. Die Masse zugedeckt ausquellen und abkühlen lassen. Der Schrot muß sehr trocken sein.

3. Eier, Gewürze und Kastanienpüree mit dem Schrot vermengen. Abschmecken.

4. Für die Sauce das Pfeilwurzelmehl mit der kalten Milch in einer Pfanne glattrühren. Übrige Zutaten zur Milch geben und unter Rühren aufkochen. Auf kleinem Feuer köcheln lassen, bis die Sauce die gewünschte Konsistenz hat. Abschmecken. Eventuell mit wenig Milch verdünnen.

5. In einem großen Topf reichlich Salzwasser erhitzen. Vom Teig mit Hilfe von 2 Eßlöffeln Klöße abstechen. Gnocchi ins kochende Wasser geben. Sobald sie an die Oberfläche steigen, sind sie gar.

Tip: Gnocchi mit der heißen Senfsauce und mit Gemüse servieren.

Kastanien-Linsen-Eintopf

- 2 EL kaltgepreßtes Olivenöl
- 1 Zwiebel, fein gehackt
- 200 g Champignons, geviertelt
- 200 g kleine braune oder grüne Linsen
- 2 geschälte Tomaten, gewürfelt
- 300 ml/3 dl leichter Rotwein
- 300 ml/3 dl Gemüsebrühe/ -bouillon
- 1 TL frischer Thymian, gehackt
- Pfeffer aus der Mühle
- Kräutermeersalz
- 200 g Kartoffeln, klein gewürfelt
- 150 g geschälte Kastanien (S. 26)
- 100 g Maiskörner
- 1 Sträußchen Petersilie, gehackt

1. Die Zwiebeln im Öl anschwitzen. Die Pilze dazugeben und scharf anschwitzen. Zuerst die Linsen, dann die Tomatenwürfel dazugeben und mit anschwitzen. Mit dem Rotwein und der Gemüsebrühe ablöschen. Mit Thymian, Kräutersalz und Pfeffer würzen. Aufkochen und zugedeckt auf kleinem Feuer 20 Minuten köcheln lassen.

2. Kartoffeln, Maiskörner und Kastanien in den Topf geben, aufkochen und nochmals 15 Minuten köcheln lassen. Wenn nötig, etwas Flüssigkeit dazugeben. Mit Kräutersalz und frischer Petersilie abschmecken.

Kastanien-Roquefort-Bratlinge

- 300 g geschälte Kastanien (S. 26)
- 100 g Roquefort, zerdrückt
- 2 Freilandeier
- 50 g Möhren/Karotten, fein gerieben (Bircher-Rohkost-Reibe)
- 4 EL Schlagsahne/Rahm
- 1 Sträußchen Petersilie, fein gehackt
- Pfeffer aus der Mühle
- Kräutermeersalz
- Butterschmalz/Bratbutter oder Maiskeimöl, zum Backen

1. Kastanien im Dampf rund 12 Minuten garen. Pürieren.

2. Kastanienpüree, Roquefort, Eier, Möhren, Schlagsahne und Petersilie gut vermengen. Würzen.

3. Die Kastanienmasse eßlöffelweise in das heiße Butterschmalz geben, flachdrücken und die Bratlinge beidseitig langsam braten.

Tip: Mit einem bunten Salat servieren.

Pilzrisotto mit Kastanien

- 200 g Langkorn-Naturreis
- 600 ml/6 dl Wasser
- 250 g geschälte Kastanien (S. 26)
- 1 EL Butterschmalz/Bratbutter oder Olivenöl
- 1 kleine Zwiebel, fein gehackt
- 1 durchgepreßte Knoblauchzehe
- 200 g Champignons oder Pfifferlinge, in Scheiben
- 5 frische Salbeiblätter, fein geschnitten
- frischer Thymian, fein gehackt
- frischer Majoran, fein gehackt
- 100 ml/1 dl Weißwein
- Gemüsebrühe/-bouillon
- Kräutermeersalz
- Pfeffer aus der Mühle
- 1 TL Gelbwurz/Kurkuma
- 150 g/1,5 dl Schlagsahne/Rahm oder Crème fraîche
- 30 g geriebener Käse
- ½ Sträußchen Petersilie, fein gehackt

1. Den Reis in einem Drahtsieb unter fließendem warmem Wasser waschen. Zusammen mit dem Wasser aufkochen, auf kleinem Feuer 15 bis 20 Minuten köcheln lassen. Zugedeckt 45 Minuten ausquellen lassen.

2. Die Kastanien im Dampf 12 Minuten garen.

3. Zwiebeln und Knoblauch im Butterschmalz oder Olivenöl anschwitzen. Die Pilze dazugeben und scharf anschwitzen. Mit dem Weißwein und wenig Gemüsebrühe ablöschen. Im offenen Topf 5 Minuten köcheln lassen.

4. Pilze, Kastanien und Reis mischen. Mit Salz, Pfeffer und Kurkuma abschmecken. Die Sahne und nach Belieben noch wenig Gemüsebrühe beifügen. Der Risotto soll schön feucht sein. Aufkochen. Geriebenen Käse und gehackte Petersilie darunterrühren.

Tip: Bei kleinem Hunger reichen auch 150 g Reis.

stanien-Lauch-Auflauf

- 300 g geschälte Kastanien (S.: 26)
- 2 EL Butterschmalz/Bratbutter oder Olivenöl
- 500 g Lauch, in feinen Scheiben

Guß

- 2 Freilandeier
- 300 g/3 dl Schlagsahne/Rahm oder halb Sahne/halb Milch
- Kräutermeersalz
- Pfeffer aus der Mühle
- Majoran
- Muskatnuß
- Paprikapulver

1. Die Kastanien im Dampf rund 12 Minuten garen. Grob hacken.

2. Den Lauch im Butterschmalz unter Rühren einige Minuten anschwitzen. Kastanien dazugeben.

3. Ofen auf 200 Grad vorheizen.

4. Kastanien-Lauch-Gericht in eine gebutterte Gratinform füllen. Den gut gewürzten Guß darübergießen.

5. Auflauf im vorgeheizten Ofen auf mittlerem Einschub rund 30 Minuten backen.

Kastanienspätzle

- 200 g Kastanienmehl
- 200 g Dinkelvollkornmehl
- 4 Freilandeier
- 200 ml/2 dl Vollmilch oder Wasser
- 1 TL Kräutermeersalz
- reichlich Salzwasser
- 2 EL Butterschmalz/Bratbutter
- 1 Zwiebel, fein gehackt
- 1 Bund Petersilie, fein gehackt

1. Kastanien- und Dinkelmehl, Eier, Milch und Salz in einer Schüssel glattrühren. 30 Minuten zugedeckt quellen lassen.

2. Reichlich Salzwasser aufkochen. Den Teig portionsweise mit dem Spätzlesieb oder -hobel ins kochende Wasser drücken oder schaben. 2 bis 3 Minuten köcheln lassen, bis die Spätzle an die Oberfläche steigen. Mit dem Schaumlöffel herausnehmen und in einem Sieb kalt abspülen (damit sie nicht zusammenkleben). Trocknen lassen.

3. Die Zwiebeln im heißen Butterschmalz anschwitzen. Die Spätzle und die Petersilie dazugeben und in der Butter schwenken.

Tip: Mit Salat und Gemüse servieren. Für einen weniger intensiven Kastaniengeschmack 100 g Kastanienmehl und 300 g Dinkelvollkornmehl nehmen.

Lauchkuchen

für eine runde Kuchenform von 30 cm Durchmesser

Teig

- 150 g Magerquark (Reformhaus)
- ½ TL Vollmeersalz
- 1 Freilandei
- 5 EL kaltgepreßtes Olivenöl extra vergine oder Maiskeimöl
- 100 g Kastanienmehl
- 175 g Dinkel- oder Weizenvollkornmehl
- 2 TL Weinsteinbackpulver
- Linsen oder Bohnen zum Blindbacken

Füllung

- 1 EL Butterschmalz/Bratbutter
- 700 g Lauch, fein geschnitten
- 1 EL getrockneter Majoran
- Pfeffer aus der Mühle
- Muskatnuß
- Rosenpaprikapulver
- 100 ml/1 dl Gemüsebrühe/-bouillon
- Kräutermeersalz

Guß

- 2 Freilandeier
- 200 g/2 dl Schlagsahne/Rahm
- Pfeffer aus der Mühle
- Kräutermeersalz
- 2 EL Reibkäse

1. Für den Teig Magerquark, Salz und Ei gut verrühren. Das Öl löffelweise unter Rühren mit dem Schneebesen langsam zum Quark geben. Das mit dem Backpulver gemischte Mehl langsam dazugeben und zu einem Teig zusammenfügen.

2. Den Teig zwischen zwei Klarsichtfolien auf Formengröße ausrollen. Eine Klarsichtfolie entfernen und den Teig in die Form stürzen. Zweite Klarsichtfolie entfernen. Den Teig einige Male einstechen. Kühl stellen.

3. Ofen auf 200 Grad vorheizen.

4. Den Lauch im heißen Butterschmalz anschwitzen, würzen und mit wenig Gemüsebrühe ablöschen. Zugedeckt 3 bis 4 Minuten dünsten. Abkühlen lassen.

5. Den Teigboden mit den Linsen oder Bohnen belegen. Im vorgeheizten Ofen auf mittlerem Einschub rund 10 Minuten blind backen. Die Füllung entfernen.

6. Den Lauch mit dem Guß mischen, auf den Kuchenboden verteilen. Lauchkuchen im vorgeheizten Ofen auf mittlerem Einschub 25 bis 30 Minuten backen.

Tip: Den warmen Lauchkuchen mit Salat servieren. Dieser Teig kann auch für süße Kuchen verwendet werden. Dann aber nur neutrales Maiskeimöl und weniger Salz verwenden.

Variante: Den Lauch mit 150 g gekochten, gehackten Kastanien mischen.

Kastanien-Zucchini-Gemüse

- 300 g geschälte Kastanien (S. 26)
- 2 EL kaltgepreßtes Olivenöl extra vergine
- 2 grüne Zucchini, gewürfelt
- 1 gelber Zucchino, gewürfelt
- 1 Knoblauchzehe
- frischer oder getrockneter Thymian
- Pfeffer aus der Mühle
- Muskatnuß
- abgeriebene Schale einer unbehandelten Zitrone
- 300 ml/3 dl Gemüsebrühe/-bouillon
- Kräutermeersalz
- 1 Sträußchen Petersilie, fein gehackt
- Crème fraîche, nach Belieben

1. Die Kastanien im Dampf rund 6 Minuten garen.

2. Die Zucchini im heißen Olivenöl anschwitzen. Den Knoblauch dazupressen und mit anschwitzen. Die Kastanien dazugeben. Würzen. Mit der Gemüsebrühe ablöschen. Aufkochen und auf kleinem Feuer 6 bis 8 Minuten garen, bis die Kastanien weich sind. Mit Kräutersalz und frischer Petersilie abschmecken. Mit Crème fraîche verfeinern.

Tip: Zu Reis oder Nudeln servieren.

Zucchini mit Kastanien-Champignons-Füllung

- 300 g geschälte Kastanien (S. 26)
- 4 mittelgroße Zucchini
- 2 EL kaltgepreßtes Olivenöl
- 1 Zwiebel, fein gehackt
- 1 durchgepreßte Knoblauchzehe
- 1 TL getrocknete Provencekräuter
- 200 g Champignons, gehackt
- 1 Sträußchen Petersilie, fein gehackt
- Pfeffer aus der Mühle
- 1 Prise Paprikapulver
- 1 Prise Muskatnuß

1. Kastanien im Dampf rund 12 Minuten garen. Auskühlen lassen, fein hacken.

2. Die Zucchini längs halbieren und mit dem Kugelausstecher aushöhlen. Das Fleisch fein hacken.

3. Ofen auf 200 Grad vorheizen.

4. Zwiebeln und Knoblauch im Olivenöl anschwitzen. Provencekräuter und Zucchinifleisch dazugeben und mit anschwitzen. Gehackte Pilze und Kastanien sowie Petersilie dazugeben und kurz mitdünsten. Würzen.

5. Zucchinihälften mit der Kastanienmasse füllen. In einer gebutterten Gratinform im Ofen auf mittlerem Einschub 10 bis 15 Minuten backen.

Abbildung

Kastanien-Gemüse-Terrine

für eine kleine Terrineform

- 200 g geschälte Kastanien (S. 26)
- 50 g Brokkoli, fein geschnitten
- 50 g Möhren/Karotten, klein gewürfelt
- 50 g roter Gemüsepaprika/ Peperoni, klein gewürfelt
- 2 Freilandeier
- 125 g Vollmilchquark
- 50 g altbackenes Brot, fein gerieben (keine Semmelbrot-brösel/Paniermehl)
- 1 Sträußchen Petersilie, fein gehackt
- etwas frischer Thymian, fein gehackt
- Kräutermeersalz
- Pfeffer aus der Mühle
- Paprikapulver

1. Terrineform mit Butter ausstreichen.

2. Ofen auf 180 Grad vorheizen.

3. Kastanien im Dampf 12 Minuten garen. Pürieren.

4. Brokkoli, Möhren und Gemüsepaprika im Dampf bißfest garen. Abkühlen lassen.

5. Kastanien, Gemüse und restliche Zutaten mischen. Die Masse gut würzen. In die Terrineform füllen.

6. Kastanien-Gemüse-Terrine im vorgeheizten Ofen im Wasserbad rund 60 Minuten garen. Nadelprobe machen. Nach Belieben ganz am Schluß noch etwas Reibkäse über die Terrine streuen und diese bei 220 Grad kurz bräunen. Terrine warm oder kalt servieren.

Tip: Wer keine Terrineform hat, kann die Kastanienmasse auch in gut ausgebutterte kleine Gratinförmchen füllen und diese bei 180 Grad rund 30 Minuten im Wasserbad garen.

Auberginen
mit Kastanien-Pilz-Füllung

- 4 Auberginen
- wenig Zitronensaft
- 150 g geschälte Kastanien (S. 26)
- 50 g Naturreis
- 2 EL kaltgepreßtes Olivenöl extra vergine
- 1 Zwiebel, fein gehackt
- 150 g Shiitake-Pilze, in Streifen
- 1 Zweig Thymian
- 1 Sträußchen Petersilie, fein gehackt
- Gemüsebrühe/-bouillon
- Pfeffer aus der Mühle
- 100 g Feta
- wenig Reibkäse

1. Auberginen der Länge nach halbieren und vorsichtig aushöhlen. Die Auberginenschalen mit Zitronensaft auspinseln. In der Gemüsebrühe oder im Dampf rund 8 Minuten garen.

2. Das ausgehöhlte Fruchtfleisch fein hacken.

3. Den Reis in 200 ml/2 dl Wasser 20 Minuten garen, dann auf der ausgeschalteten Wärmequelle 40 Minuten nachquellen lassen.

4. Die Kastanien im Dampf rund 12 Minuten garen, dann fein hacken.

5. Ofen auf 200 Grad vorheizen.

6. Die Zwiebeln im Olivenöl anschwitzen. Zuerst die Pilze, dann das Auberginenfleisch dazugeben und mit anschwitzen. Thymian und Petersilie darunterrühren. Mit wenig Gemüsebrühe ablöschen. Zugedeckt auf kleinem Feuer köcheln lassen, bis die Pilze und das Auberginenfleisch gar sind. Auskühlen lassen.

7. Reis, Feta und Kastanien mit der Auberginen-Pilz-Mischung vermengen. Abschmecken mit Kräutersalz. In die Auberginenschalen füllen.

8. Gefüllte Auberginen in eine gebutterte Gratinform setzen. Den Reibkäse darüberstreuen. Mit wenig Gemüsebrühe umgießen. Im Ofen auf mittlerem Einschub rund 15 Minuten überbacken.

Mais-Kastanien-Schnitten

- 1 l Gemüsebrühe/-bouillon
- 150 g feiner Maisgrieß
- 100 g geschälte Kastanien (S. 26)
- 1 Msp Majoran
- 1 Msp Kurkuma/Gelbwurz
- 4 Tomaten, in Scheiben
- 200 g Mozzarella, in dünnen Scheiben
- Oregano
- Pfeffer aus der Mühle

1. Kastanien im Dampf 12 Minuten garen. Pürieren.

2. Den Maisgrieß unter Rühren in die kochende Gemüsebrühe einrieseln lassen. Auf kleinem Feuer 5 Minuten köcheln lassen, dann das Kastanienpüree darunterrühren. Den Mais auf der ausgeschalteten Wärmequelle zugedeckt rund 10 Minuten quellen lassen.

3. Die Mais-Kastanien-Masse auf einem gebutterten Blech 15 mm dick ausstreichen. Auskühlen lassen.

4. Ofen auf 220 Grad vorheizen.

5. Maisboden mit den Tomaten und der Mozzarella belegen. Oregano darüberstreuen. Einige Umdrehungen Pfeffer daraufgeben.

6. Mais-Kastanien-Schnitten im vorgeheizten Ofen auf mittlerem Einschub 15 Minuten backen.

Wintergemüse mit Kastanien

- 1 EL Butterschmalz/Bratbutter
- 1 kleine Zwiebel, fein gehackt
- 200 g Möhren/Karotten, gewürfelt
- 200 g Schwarzwurzeln, in 3 cm langen Stücken
- 200 g geschälte Kastanien (S. 26)
- 1 TL Majoran
- 1 TL Kurkuma/Gelbwurz
- Pfeffer aus der Mühle
- Muskatnuß
- 400 – 500 ml/4 – 5 dl Gemüsebrühe/-bouillon
- Kräutermeersalz
- 100 g/1 dl Schlagsahne/Rahm
- 1 Sträußchen Petersilie, fein gehackt

1. Die Zwiebeln in der Butter anschwitzen. Möhren, Schwarzwurzeln und Kastanien dazugeben und mit anschwitzen. Würzen. Mit der Gemüsebrühe ablöschen. Den Eintopf aufkochen und auf kleinem Feuer zugedeckt 12 bis 15 Minuten köcheln lassen. Die Sahne dazugeben und abermals aufkochen. Nach Belieben nachwürzen. Mit der Petersilie bestreuen.

Tip: Mit Naturreis servieren.

Kastanienfüllung

- 300 g geschälte Kastanien (S. 26) oder 150 g getrocknete Kastanien
- 2 EL kaltgepreßtes Olivenöl
- 1 Zwiebel, fein gehackt
- 1 durchgepreßte Knoblauchzehe
- 200 g Champignons, gehackt
- 1 Prise Majoran
- 1 Prise Thymian
- 1 Prise Paprikapulver
- 100 ml/1 dl Gemüsebrühe
- 2 EL Petersilie, fein gehackt
- Kräutermeersalz

1. Die frischen Kastanien rund 12 Minuten im Dampf garen. Getrocknete Kastanien nach Grundrezept (Seite 26) zubereiten. Kastanien grob hacken und beiseite stellen.

2. Zwiebeln und Knoblauch im heißen Olivenöl anschwitzen. Die Pilze dazugeben und scharf anschwitzen. Würzen. Mit der Gemüsebrühe ablöschen und aufkochen. Kastanien und Petersilie zu den Pilzen geben. Abschmecken.

Tip: Zum Füllen von Zucchini, Gemüsezwiebeln, Kohlrabi, Auberginen. Die Masse kann kalt auch als Brotaufstrich verwendet werden.

Varianten: Zusätzlich mit der Gabel zerdrückten und gewürzten Tofu daruntermengen. Mit Curry abschmecken.

Kastanien-Paprika-Gemüse

- 700 g Gemüsepaprika/Peperoni, gemischt
- 2 EL kaltgepreßtes Olivenöl extra vergine
- 300 g geschälte Kastanien (S. 26)
- 1 EL Provencekräuter
- Paprikapulver
- Pfeffer aus der Mühle
- milder Curry
- 300 ml/3 dl Gemüsebrühe/ -bouillon
- Meersalz
- 1 Sträußchen Petersilie, fein gehackt

1. Den Gemüsepaprika halbieren, Stielansatz entfernen. Die Früchte quer in Streifen schneiden, im heißen Öl anschwitzen. Kastanien dazugeben. Würzen. Mit der Gemüsebrühe ablöschen. Aufkochen und auf kleinem Feuer zugedeckt rund 12 Minuten dünsten.

2. Kastanien-Paprika-Gemüse mit Petersilie und frischem Olivenöl abschmecken.

Tip: Zu Reis, Nudeln oder Lammfleisch servieren.

Abbildung

Kastaniensauce

- 100 g geschälte Kastanien (S. 26)
- 200 ml/2 dl Gemüsebrühe/ -bouillon
- 50 ml/0,5 dl Schlagsahne/Rahm
- Muskatnuß
- ½ TL Gelbwurz/Kurkuma
- Pfeffer aus der Mühle
- 1 TL Pfeilwurzelmehl
- 1 Sträußchen Petersilie, fein gehackt

1. Die Kastanien in der Gemüsebrühe rund 15 Minuten garen, bis sie sehr weich sind. Pürieren.

2. Das Kastanienpüree und die Sahne unter Rühren aufkochen. Würzen. Das mit wenig Wasser angerührte Pfeilwurzelmehl unter das Püree rühren. Aufkochen und köcheln lassen, bis die Sauce bindet. Mit der Petersilie abschmecken.

Tip: Zu Möhren/Karotten, Brokkoli, Blumenkohl oder Getreidebratlingen servieren.

Kastanienpüree

- 600 g geschälte Kastanien (S. 26)
- 300 ml/3 dl Wasser
- Vollmeersalz
- 30 g Butter
- 200 – 300 ml/2 – 3 dl Vollmilch
- Meersalz
- Muskatnuß
- Pfeffer aus der Mühle
- 1 Sträußchen Petersilie, fein gehackt

1. Die Kastanien im Salzwasser rund 30 Minuten gut weich kochen. Wasser abschütten (für eine Suppe verwenden). Die Früchte noch warm durch ein Passetout/Passevite drehen.

2. Milch, Butter und Gewürze in einem Topf erhitzen. Das Kastanienpüree unter kräftigem Rühren mit dem Schneebesen dazurühren. Das Püree abschmecken und die Petersilie darunterrühren. Je nach gewünschter Konsistenz mit wenig Milch verdünnen.

Tip: Das Kastanienpüree ist mit Gemüse und Salat eine komplette, sättigende Mahlzeit.

Hausgemachte Kastaniennudeln

Grundrezept

◆ 200 g Vollkorn-Hartweizenmehl oder 200 g Dinkelvollkornmehl

◆ 200 g Kastanienmehl

◆ 4 Freilandeier

◆ 1 TL Vollmeersalz

◆ etwas Olivenöl

1. Alle Zutaten vermengen und zu einem geschmeidigen Teig kneten. In Klarsichtfolie eingewickelt mindestens 1 bis 2 Stunden ruhen lassen.

2. Den Teig auf bemehlter Arbeitsfläche sehr dünn ausrollen. 30 Minuten trocknen lassen.

3. Von Hand mit einem scharfen Messer Nudeln von beliebiger Breite schneiden. Einfacher geht es mit einer Nudelmaschine; im Handel gibt es preiswerte Modelle. Den Teig portionsweise durch die Nudelmaschine drehen und dann in beliebig breite Streifen schneiden.

4. Die Nudeln entweder trocknen lassen oder frisch in kochendem Salzwasser 5 bis 6 Minuten al dente kochen.

Tip: Aus diesem Teig können nach Belieben Lasagne, Ravioli und andere Nudelspezialitäten zubereitet werden. Wem der Kastaniengeschmack zu intensiv ist, nimmt nur 100 g Kastanienmehl und 300 g Dinkelvollkornmehl.

Quitten-Kastanien-Kompott mit Ingwer

◆ 4 – 6 Quitten, je nach Größe

◆ 4 EL Ahornsirup

◆ 1 Msp Vanillepulver

◆ Saft und abgeriebene Schale einer unbehandelten Zitrone

◆ 400 ml/4 dl Wasser

◆ 150 g geschälte Kastanien (S. 26)

◆ Saft einer Orange

◆ etwas frischer Ingwer, fein gerieben, oder Ingwerpulver

1. Die Quitten nach Belieben schälen, halbieren und das Kerngehäuse entfernen. Fruchthälften in Spalten schneiden.

2. Ahornsirup, Vanillepulver, Zitronengelb, Zitronensaft und Wasser aufkochen. Quitten und Kastanien in den Kochsud geben. Aufkochen und auf kleinem Feuer 10 bis 15 Minuten köcheln lassen. Die Früchte in der Kochflüssigkeit auskühlen lassen.

3. Das Kompott vor dem Servieren mit Orangensaft und Ingwer abschmecken.

Tip: Zu Wild oder Rotkohl/-kabis oder auch als Dessert servieren.

Kastanien-Auberginen-Gratin mit Feta

- 400 g geschälte Kastanien (S. 26)
- 2 Auberginen
- Meersalz
- kaltgepreßtes Olivenöl extra vergine, zum Braten
- 1 Zwiebel, fein gehackt
- 1 EL kaltgepreßtes Olivenöl extra vergine
- 200 g Champignons
- 1 durchgepreßte Knoblauchzehe
- 1 Sträußchen Petersilie, fein gehackt
- 1 Zweig Thymian, fein gehackt
- ½ l Gemüsebrühe/-bouillon
- 200 g Feta, grob gehackt
- 1 Fleischtomate
- Pfeffer aus der Mühle

1. Die Kastanien im Dampf 12 Minuten garen. Die Früchte grob hacken.

2. Die Auberginen in rund 5 mm dicke Scheiben schneiden, auf ein Küchentuch legen und leicht salzen. Die Auberginenscheiben mindestens 30 Minuten ziehen lassen, dann gut ausdrücken. Im heißen Öl von beiden Seiten braten. Auf Küchenpapier abtropfen lassen.

3. Die Zwiebeln im Öl anschwitzen. Die gehackten Pilze dazugeben und scharf anschwitzen. Mit Knoblauch, Petersilie und Thymian abschmecken. Die gehackten Kastanien zu den Pilzen geben. Mit der Gemüsebrühe ablöschen. Aufkochen und gut abschmecken.

4. Ofen auf 220 Grad vorheizen.

5. Auberginen und Kastanienmasse lagenweise in eine gebutterte Ofenform füllen. Immer wieder mit etwas Pfeffer bestreuen. Mit den Auberginenscheiben beginnen und abschließen. Den Feta darüberstreuen. Mit Tomatenscheiben belegen.

6. Kastanien-Auberginen-Gratin im vorgeheizten Ofen auf mittlerem Einschub rund 30 Minuten backen.

Kastanien-Linsen-Curry

- 1 EL kaltgepreßtes Olivenöl extra vergine
- 1 Zwiebel, fein gehackt
- 100 g rote Linsen
- 1 TL milder Curry
- 1 Msp Kurkuma/Gelbwurz
- 1 Prise Majoran
- 1 Prise Thymian
- Pfeffer aus der Mühle
- ½ l Gemüsebrühe/-bouillon
- 200 g Kartoffeln, klein gewürfelt
- 200 g geschälte Kastanien (S. 26)
- 1 kleiner Zucchino, gewürfelt
- Kräutermeersalz
- 1 Sträußchen Petersilie, fein gehackt

1. Die Zwiebeln im Olivenöl anschwitzen. Die Linsen und die Gewürze dazugeben und mit anschwitzen. Mit der Gemüsebrühe ablöschen. Aufkochen und rund 8 Minuten zugedeckt köcheln lassen. Kartoffeln, Kastanien und Zucchini dazugeben und nochmals rund 12 Minuten köcheln lassen. Mit Kräutermeersalz und Petersilie abschmecken.

Kastanien-Chutney

- 200 g geschälte Kastanien (S. 26)
- 200 ml/2 dl Wasser
- 1 TL Kreuzkümmel
- 2 Prisen Chilipulver
- 50 g Kokosraspeln
- 6 durchgepreßte Knoblauchzehen
- ½ TL Ingwerpulver
- 1 Prise Zimtpulver
- 1 TL Gelbwurz/Kurkuma
- Saft von 4 Zitronen,. ca. 100 ml/1 dl Saft
- Meersalz
- 3 EL kaltgepreßtes Maiskeimöl

1. Sämtliche Zutaten aufkochen und auf kleinem Feuer 25 Minuten köcheln lassen, gelegentlich rühren. Pürieren. Je nach Konsistenz mit wenig Wasser verdünnen.

2. Vorratsgläser oder Gläser mit einem Schraubverschluß in sprudelnd heißem Wasser erwärmen. Das heiße Chutney einfüllen und die Gläser sofort verschließen. Bei Zimmertemperatur abkühlen lassen, dann kühl und trocken lagern.

Tip: Paßt zu Reisgerichten.

Info: Das Rezept ist dem Hildegard-Kastanienkochbuch entnommen.

Sizilianisches Auberginen-Kastanien-Gemüse

- 1 Aubergine, rund 200 g
- 2 EL kaltgepreßtes Olivenöl extra vergine
- 2 durchgepreßte Knoblauchzehen
- 200 g geschälte Kastanien (S. 26)
- 1 EL Pistazien
- 1 Msp Kurkuma/Gelbwurz
- 1 Prise Paprikapulver
- 1 Prise Muskatnuß
- 300 ml/3 dl Gemüsebrühe/-bouillon
- 2 Orangen, filetiert
- 1 Sträußchen Petersilie, gehackt

1. Die Aubergine in Scheiben schneiden und dann in dünne Streifen.

2. Durchgepreßten Knoblauch im Öl kurz anschwitzen. Kastanien und Auberginenstreifen dazugeben und mit anschwitzen. Mit Kurkuma, Paprika und Muskat würzen. Die Pistazien dazugeben. Mit der Gemüsebrühe ablöschen. Aufkochen und zugedeckt auf kleinem Feuer rund 12 Minuten kocheln lassen, bis die Kastanien gar sind.

3. Die Orangenfilets unter das Gemüse mischen. Leicht erwärmen.

4. Abschmecken und mit Petersilie bestreut servieren.

Tip: Hauptmahlzeit die Mengen verdoppeln und zu Reis oder Nudeln servieren.

Grüne Bohnen mit getrockneten Kastanien

- 100 g getrocknete Kastanien
- 2 EL kaltgepreßtes Olivenöl
- 2 Schalotten, fein gehackt
- 500 g grüne Bohnen
- 1 TL Bohnenkraut, fein gehackt
- Pfeffer aus der Mühle
- 1 Prise Paprikapulver
- ½ l Gemüsebrühe/-bouillon
- Meersalz
- 1 Sträußchen Petersilie oder Bohnenkraut, fein gehackt

1. Die getrocknten Kastanien gemäß Anleitung Seite 26 zubereiten.

2. Die Schalotten in Öl anschwitzen. Die Bohnen dazugeben und mit anschwitzen. Würzen mit Bohnenkraut, Pfeffer und Paprika. Mit der Gemüsebrühe ablöschen. Aufkochen und zugedeckt rund 6 Minuten köcheln lassen. Jetzt die gekochten Kastanien beifügen und nochmals 6 bis 8 Minuten köcheln lassen, bis die Bohnen gar sind.

3. Abschmecken mit frischer Petersilie oder Bohnenkraut.

Tip: Reis oder Kartoffelstock als Beilage.

Variante: Anstelle der getrockneten Kastanien können auch frische gekochte Kastanien verwendet werden. Mit getrockneten Kastanien bekommt das Gericht ein intensiveres Aroma.

Möhren-Brokkoli-Gemüse mit Kastanien

- 1 EL Sonnenblumenkerne
- 2 EL kaltgepreßtes Olivenöl
- 1 Zwiebel, in feinen Scheiben
- 300 g Möhren/Karotten, in Stäbchen
- 200 g geschälte Kastanien (S. 26)
- 1 Prise Muskatnuß
- 1 Prise Ingwerpulver
- 2 TL milder Curry
- wenig Gemüsebrühe/-bouillon
- 2 EL Rosinen
- 1 Brokkoli, in Röschen
- etwas frischer Majoran, fein gehackt
- Kräutermeersalz

1. Sonnenblumenkerne in einer Bratpfanne ohne Fett leicht rösten.

2. Die Zwiebelscheiben im Olivenöl anschwitzen. Die Möhren dazugeben und mit anschwitzen. Die Kastanien dazugeben. Würzen. Mit der Gemüsebrühe ablöschen. Aufkochen und zugedeckt 8 bis 10 Minuten köcheln lassen, dann den Brokkoli und die Rosinen dazugeben. So lange köcheln lassen, daß der Brokkoli noch Biß hat. Abschmecken mit Majoran und Kräutersalz.

3. Die Sonnenblumenkerne vor dem Servieren daruntermischen.

Kastaniennudeln mit Rucola-Morchel-Sauce

- 300 g Kastaniennudeln (Seite 67)
- 1,5 l Salzwasser
- 1 TL kaltgepreßtes Olivenöl

Sauce
- 2 EL kaltgepreßtes Olivenöl extra vergine
- 2 durchgepreßte Knoblauchzehen
- 400 g Rauke/Rucola, geschnitten
- 150 g frische Morcheln
- 2 EL Pinienkerne
- 150 g Räucherlachs, gewürfelt
- 200 g/2 dl Schlagsahne/Rahm
- Kräutermeersalz
- Pfeffer aus der Mühle
- ½ Bund frisches Basilikum

1. Salzwasser und Öl aufkochen, die Nudeln darin al dente kochen, rund 6 Minuten.

2. Für die Sauce durchgepreßten Knoblauch im Olivenöl anschwitzen, Rucola und Morcheln dazugeben und mit anschwitzen. Einige Minuten im eigenen Saft dünsten. Pinienkerne, Lachs und Sahne dazugeben. Aufkochen und kurz köcheln lassen. Abschmecken mit Kräutersalz und Pfeffer.

3. Sauce mit den Nudeln mischen. Das Basilikum darüberstreuen.

Abbildung

Glasierte Kastanien

- 200 g geschälte Kastanien (S. 26)
- 2 EL Butter
- 2 EL Birnendicksaft
- 150 ml/1,5 dl Gemüsebrühe/ -bouillon

1. Butter erhitzen. Birnendicksaft dazugeben und abermals erhitzen. Die Kastanien dazugeben und mit der Sauce gut mischen. Mit der Gemüsebrühe ablöschen. 10 bis 12 Minuten auf kleinem Feuer köcheln lassen, bis die Flüssigkeit eingekocht ist.

Tip: Paßt zu Gemüse und Fleischgerichten.

Kastanien-Ratatouille

- 2 EL kaltgepreßtes Olivenöl
- 1 Zwiebel, fein gehackt
- 500 g Kürbis, am besten Potimarron/Oranger Knirps oder Muscade de Provence, in Stäbchen
- 2 kleine Zucchini, in Scheiben
- 200 g geschälte Kastanien (S. 26)
- getrocknete Provencekräuter
- 1 Prise Muskatnuß
- 1 Prise Ingwerpulver
- Pfeffer aus der Mühle
- ½ l Gemüsebrühe/-bouillon
- 2 Tomaten
- Kräutermeersalz
- 2 EL Petersilie, fein gehackt
- frisches Basilikum, in Streifen

1. Die Zwiebeln im Öl anschwitzen. Kürbis, Zucchini und Kastanien dazugeben und mit anschwitzen. Würzen. Mit der Gemüsebrühe ablöschen. Aufkochen und zugedeckt auf kleinem Feuer rund 12 Minuten köcheln lassen.

2. Die Tomaten an der Spitze über Kreuz einschneiden. Die Früchte in kochendes Wasser tauchen, bis sich die Haut zu lösen beginnt. Die Früchte schälen, vierteln, Stielansatz entfernen.

3. Tomaten zum Gemüse geben und erwärmen. Mit frischen Kräutern abschmecken.

Kastanien-Kirschen-Auflauf

- 300 g geschälte Kastanien (S. 26)
- 3 Eigelb von Freilandeiern
- 2 EL Akazienhonig
- 1 Prise Vanillepulver
- 100 g eingemachte Kirschen
- 3 Eiweiß
- 1 Prise Meersalz
- Butter für die Form

1. Die Kastanien im Dampf rund 15 Minuten garen. Pürieren.

2. Ofen auf 180 Grad vorheizen.

3. Eigelb, Honig und Vanillepulver cremig aufschlagen. Das Kastanienpüree und die Kirschen darunterrühren. Das mit der Prise Salz zu Schnee geschlagene Eiweiß darunterziehen. Masse in eine gebutterte Form füllen.

4. Kastanien-Kirschen-Auflauf im vorgeheizten Ofen rund 50 Minuten backen.

Tip: Mit einer Vanillesauce servieren.

Kastaniengnocchi mit Nüssen überbacken

1 Portion Gnocchiteig, Seite 52

Nußsauce

- 50 g Walnüsse/Baumnüsse, gehackt
- 1 durchgepreßte Knoblauchzehe
- 2 EL Vollkornsemmelbrösel/-paniermehl
- 2 EL Wasser
- 50 g Schlagsahne/Rahm
- Meersalz
- Pfeffer aus der Mühle

1. Sämtliche Zutaten für die Sauce gut verrühren.

2. Ofen auf 220 Grad vorheizen.

3. In einem großen Topf reichlich Salzwasser erhitzen. Vom Teig mit Hilfe von 2 Eßlöffeln Klöße abstechen. Gnocchi ins kochende Wasser geben. Sobald sie an die Oberfläche steigen, sind sie gar. Mit einem Schaumlöffel herausnehmen. In eine gebutterte Ofenform füllen, dabei die einzelnen Lagen mit flüssiger Butter einpinseln. Die Nußsauce darauf verteilen.

4. Gnocchi im vorgeheizten Ofen rund 10 Minuten überbacken.

Indisches Blumenkohl-Kastanien-Ragout

- 2 EL Butterschmalz/Bratbutter
- 1 mittlerer Blumenkohl, in Röschen
- 300 g geschälte Kastanien (S. 26)
- 10 Cashewnüsse
- scharfer Curry
- Kurkuma/Gelbwurz
- 1 Prise Muskatnuß
- 1 Msp Kreuzkümmel
- 400 ml/4 dl Gemüsebrühe/ -bouillon
- Schlagsahne/Rahm, nach Belieben
- 1 Sträußchen Petersilie, fein gehackt

Blumenkohlröschen, Kastanien und Cashewnüsse im heißen Butterschmalz anschwitzen. Kräftig würzen. Mit der Gemüsebrühe ablöschen. Rund 12 Minuten köcheln lassen, bis der Blumenkohl und die Kastanien gar sind. Nach Belieben mit wenig Sahne verfeinern. Mit der Petersilie abschmecken.

Tip: Mit Naturreis servieren.

Kastanien-Tofu-Burger

- 150 g geschälte Kastanien (S. 26)
- 50 g Hirse
- 200 ml/2 dl Gemüsebrühe/ -bouillon
- 125 g weicher Tofu (Bioqualität)
- 50 g Lauch/Porree, fein geschnitten
- 1 TL Butter
- 1 – 2 Freilandeier
- ½ TL milder Curry
- 1 Sträußchen Petersilie, gehackt
- Butterschmalz/Bratbutter oder Olivenöl zum Braten

1. Die Kastanien im Dampf rund 12 Minuten garen. Etwas auskühlen lassen, dann grob hacken.

2. Die Hirse in der Gemüsebrühe 10 Minuten garen, dann auf der ausgeschalteten Wärmequelle zugedeckt ausquellen lassen, bis die Flüssigkeit vollständig aufgenommen ist.

3. Den Tofu fein hacken.

4. Den Lauch in der Butter anschwitzen.

5. Sämtliche Zutaten gut vermengen. Herzhaft würzen.

6. Von der festen Masse mit einem Eßlöffel Klöße abstechen. In das heiße Butterschmalz geben und zu einem Burger von maximal 1 cm Dicke formen. Burger beidseitig langsam braten.

Abbildung
Kastanien-Tofu-Burger

astanienmousse

für 6 Personen

◆ 200 g getrocknete Kastanien oder
 400 g geschälte Kastanien (S. 26)

◆ ½ l Wasser

◆ 50 g weiche Butter

◆ 1 EL Akazienhonig

◆ 1 – 2 EL Kastanienlikör,
 nach Belieben

◆ 1 Msp Vanillepulver

◆ abgeriebene Schale einer
 unbehandelten Orange

◆ wenig Orangensaft, nach Belieben

◆ 100 g Vollmilchschokolade mit
 Vollrohrzucker gesüßt (Reform-
 haus/Bioladen)

◆ Kakaopulver zum Bestäuben

◆ 200 g/2 dl Schlagsahne/Rahm

1. Die getrockneten Kastanien nach Grundrezept Seite 26 zubereiten. Noch warm durch die Kartoffelpresse/das Passevite drehen oder pürieren.

2. Frische Kastanien rund 15 Minuten im Dampf garen, dann pürieren.

3. Butter, Honig, Likör, Vanillepulver und abgeriebene Orangenschale mit dem Handrührgerät oder dem Schneebesen unter das Kastanienpüree arbeiten. Die Schokolade mit der Bircher-Rohkost-Reibe dazureiben und mischen.

4. Die Kastanienmousse mit dem Eisportionierer oder mittels Spritzsack mit breiter Tülle auf den Tellern anrichten. Mit Kakaopulver bestäuben. Mit halbflüssiger Schlagsahne servieren.

Variante: Für Kastanientrüffel aus der Masse von Hand kleine Kugeln formen und diese in Kakaopulver oder in Schokoladenraspeln drehen. In Pralinenpapier setzen.

Süßes Kastanien-Honig-Püree

- ◆ 150 g getrocknete Kastanien
- ◆ 4 EL Vollmilch
- ◆ 2 EL Akazienhonig
- ◆ Vanillepulver
- ◆ Saisonfrüchte
- ◆ Schlagsahne/Rahm

1. Die getrockneten Kastanien nach Grundrezept Seite 26 kochen. Pürieren.

2. Kastanienpüree, Milch und Honig glattrühren. Mit dem Vanillepulver abschmecken.

3. Kastanienpüree in einen Spritzsack mit breiter Sterntülle füllen. Auf Teller Herzen oder beliebige Formen spritzen. Mit den Saisonfrüchten und der steifgeschlagenen Sahne garnieren.

Tip: Dieses Püree eignet sich auch sehr gut als süßer Brotaufstrich.

Einfache Kastanien-Zimt-Creme

- ◆ 120 g Kastanienmehl
- ◆ ½ l Vollmilch
- ◆ ½ TL Zimt
- ◆ 2 – 3 EL Ahornsirup
- ◆ 200 g/2 dl Schlagsahne/Rahm

1. Das Kastanienmehl mit wenig kalter Milch glattrühren. Restliche Milch aufkochen, angerührtes Kastanienmehl, Zimt und Ahornsirup darunterrühren. Aufkochen und auf kleinem Feuer köcheln lassen, bis die Creme bindet. Creme in einer Schüssel unter gelegentlichem Rühren abkühlen lassen.

2. Kastaniencreme mit dem Handrührgerät oder dem Schneebesen luftig aufschlagen. Die steifgeschlagene Sahne darunterziehen. In Portionsschalen füllen und kühl stellen.

3. Kastaniencreme mit einem Klecks steifgeschlagener Sahne garnieren.

chnelle Kastaniencreme

- 250 g/2,5 dl Schlagsahne/Rahm
- 3 EL Kastanienmarmelade (Seite 103)
- 1 Prise Vanillepulver
- in Kastanienlikör eingelegte Kastanien

1. Die Kastanienmarmelade und das Vanillepulver unter die steifgeschlagene Sahne mischen.

2. Kastaniensahne in einen Spritzbeutel mit großer Sterntülle füllen und auf Teller oder in hohe Gläser spritzen. Mit Kastanien und Blüten aus dem Garten hübsch garnieren.

Tip: Diese Creme kann auch als Füllung für Pfannkuchen/Omeletten verwendet werden.

Orangen-Kiwi-Salat mit Kastanien

- 6 EL Kastanien- oder Mandellikör
- 4 – 6 EL Ahornsirup
- ½ TL Vanillepulver
- 20 geschälte Kastanien (S. 26)
- 2 Orangen
- 2 Kiwis
- frische Pfefferminzblättchen, für die Garnitur

1. Kastanienlikör, Ahornsirup und Vanillepulver verrühren.

2. Die Kastanien im Dampf rund 12 Minuten garen. Die noch warmen Früchte mit dem Sirup mischen. Über Nacht zugedeckt marinieren.

3. Die Orangen mit dem Messer so schälen, daß auch die weißen Häutchen ganz entfernt sind. Früchte in Scheiben schneiden.

4. Kiwis schälen und in Scheiben schneiden.

5. Orangen- und Kiwischeiben unter die Kastanien mischen. 30 Minuten marinieren.

6. Fruchtsalat mit Pfefferminzblättchen garnieren.

Abbildung

Einfache Kastanien-Apfel-Creme

- 180 g Kastenienmarmelade (Seite 103) oder pürierte Kastanien (200 g geschälte, gekochte Kastanien)
- 350 g Apfelmus
- wenig Akazienhonig
- 1/4 TL Zimtpulver
- 200 g/2 dl Schlagsahne/Rahm
- 2 EL Mandelstäbchen, geröstet

1. Kastanienmarmelade und Apfelmus gut verrühren. Mit dem Akazienhonig und Zimtpulver abschmecken. Die steifgeschlagene Sahne darunterziehen.

2. Kastanien-Apfel-Creme in Glasschalen füllen. Kühl stellen.

3. Vor dem Servieren mit einem Klecks geschlagener Sahne und den gerösteten Mandelstäbchen garnieren.

Kastaniencreme mit Früchten

- 200 g geschälte Kastanien (S. 26)
- 1 Eigelb von einem Freilandei
- 2 EL Akazienhonig
- 125 g Magerquark (Reformhaus/Bioladen)
- 150 g Joghurt nature
- 1/2 TL Zimt- oder Vanillepulver
- 150 g Saisonfrüchte oder Saisonbeeren, je nach Größe zerkleinert oder ganz
- 200 g/2 dl Schlagsahne/Rahm

1. Die Kastanien im Dampf 12 Minuten garen. Pürieren. Abkühlen lassen.

2. Eigelb, Honig, Quark, Joghurt, Kastanienpüree und Zimt mit dem Handrührgerät oder mit dem Schneebesen luftig aufschlagen.

3. Die Früchte unter die Kastaniencreme rühren. Zum Schluß die geschlagene Sahne darunterziehen.

4. Die Creme in Dessertschalen oder Gläser füllen. Kühl stellen.

Wichtig: Für dieses Rezept unbedingt einen geschmacksneutralen Honig wie den Akazienhonig verwenden. Nur frische oder tiefgekühlte Kastanien oder Kastanien aus dem Glas verwenden. Bei Verwendung von getrockneten Kastanien bekommt die Creme einen sehr kräftigen Geschmack.

Ananas-Salat
mit Kastanienkrokant

- 1 reife Ananas
- 3 – 4 EL Kastanien- oder Mandellikör
- 1 TL Vanillepulver
- Pfefferminz- oder Melisseblättchen für die Garnitur

Krokant

- 120 g geschälte Kastanien (S. 26)
- 1 EL Kokosflocken
- 2 EL Vollrohrzucker
- 2 EL flüssige Butter
- 1 Prise Ingwerpulver

1. Ananas oben und unten kappen. Schälen, indem man am Fruchtfleisch entlang schneidet. Noppen spiral- und keilförmig ringsum herausschneiden. Ananas in Scheiben schneiden. Mittelstrunk herausstechen. Die Scheiben würfeln.

2. Ofen auf 220 Grad vorheizen.

3. Die Kastanien im Dampf 10 Minuten garen. Auskühlen lassen und grob hacken.

4. Die Ananaswürfel mit dem Likör und dem Vanillepulver marinieren.

5. Kastanien, Kokosflocken, Zucker, Butter und Ingwer mischen. Die Masse in einer Gratinform im Ofen 10 Minuten zu knusprigem Krokant backen.

6. Die marinierten Ananaswürfel in Dessertgläser oder -schalen füllen. Krokant darüberstreuen. Garnieren.

Apfelgratin
mit Kastanienstreusel

- 150 g geschälte Kastanien (S. 26)
- 4 mittelgroße säuerliche Äpfel, in Spalten
- 100 g Cashewnüsse, mittelfein gehackt
- 1 Prise Zimtpulver
- 2 EL Birnendicksaft oder Akazienhonig
- 100 g flüssige Butter

1. Ofen auf 180 Grad vorheizen.

2. Kastanien im Dampf 10 Minuten garen, auskühlen lassen und mittelfein hacken.

3. Apfelspalten in eine gebutterte Gratinform schichten. Gehackte Nüsse, Kastanien, Zimt, Birnendicksaft und flüssige Butter mischen. Über die Äpfel verteilen.

4. Apfelgratin auf mittlerem Einschub 15 bis 20 Minuten backen.

Tip: Mit einer Vanillesauce servieren.

Süße Kastanienkroketten

- 40 geschälte Kastanien (S. 26)
- 2 EL Vollrohrzucker
- wenig Milch
- 1 Prise Vanillepulver
- 30 g Butter
- 3 Eigelb von Freilandeiern
- Vollkornsemmelbrösel/-paniermehl
- 1 Freilandei
- Butterschmalz/Bratbutter

1. Die Kastanien 12 Minuten im Dampf garen. Pürieren.

2. Kastanienpüree, Milch, Vanillepulver, Butter und Eigelb zu einer homogenen Masse verarbeiten. Abkühlen lassen.

3. Je einen Teller mit dem verquirlten Ei und den Semmelbröseln bereitstellen.

4. Aus der Kastanienmasse kleine Kroketten formen. Zuerst im Ei, dann in den Semmelbröseln wenden. Kroketten im Butterschmalz braten.

Tip: Mit einer Fruchtsauce servieren.

Kastanien-Bananen-Creme

- 300 g geschälte Kastanien (S. 26)
- ½ l Vollmilch
- 1 TL Vanillepulver
- 1 Banane, in Stücken
- Saft einer Orange
- 2 EL Akazienhonig
- 1 – 2 EL Kastanienlikör
- 100 g/1 dl Schlagsahne/Rahm

1. Kastanien, Milch und Vanillepulver aufkochen und auf kleinem Feuer rund 20 Minuten köcheln lassen. Pürieren.

2. Bananen, Orangensaft, Honig und Kastanienlikör pürieren.

3. Kastanien- und Bananenpüree verrühren. Die steifgeschlagene Sahne darunterziehen.

4. Die Kastanien-Bananen-Creme in Gläser füllen. Kühl stellen. Vor dem Servieren mit einem Orangenspalten garnieren.

Abbildung

Focaccia
Original Tessiner Rezept

Kastaniensoufflé

für 8 Personen

- 300 g geschälte Kastanien (S. 26)
- 350 – 400 ml/3,5 – 4 dl Vollmilch
- 1 – 2 EL Akazienhonig, je nach gewünschter Süße
- 50 g weiche Butter
- 1 EL Kastanienlikör
- ½ TL Vanillepulver
- 1 Prise Zimtpulver
- 1 Prise Kardamom
- 3 Eigelb von Freilandeiern
- 3 Eiweiß

1. Die Kastanien in der Milch rund 15 Minuten weich kochen. Zusammen mit der Milch pürieren. Auskühlen lassen.

2. Ofen auf 180 Grad vorheizen.

3. Den Honig und die Butter cremig aufschlagen. Kastanienlikör, Gewürze und Eigelb darunterrühren. Das Kastanienpüree und das zu Schnee geschlagene Eiweiß darunterziehen.

4. Die Kastanienmasse in die gut gebutterten Förmchen füllen. Im Ofen auf mittlerem Einschub im Wasserbad 35 bis 40 Minuten backen. Nadelprobe machen. Den Rand mit einem Messer lösen und das Soufflé aus dem Förmchen stürzen. Sofort servieren.

Tips: Mit einer kalten Himbeersauce oder einer warmen Vanillesauce servieren. Wie alle Kastaniengerichte ist auch dieses Soufflé sehr sättigend. Als Dessert reicht deshalb ein Köpfchen pro Person.

Kastanieneis

- 200 g geschälte Kastanien (S. 26)
- ½ l Vollmilch
- ½ TL Vanillepulver
- 5 Eigelb von Freilandeiern
- 4 EL Akazienhonig

1. Die Kastanien im Dampf 12 bis 15 Minuten garen. Pürieren. Die Früchte vollständig abkühlen lassen.

2. Eigelb und Honig mit dem Handrührgerät oder dem Schneebesen mindestens 10 Minuten cremig aufschlagen. Die Milch zusammen mit dem Vanillepulver leicht erwärmen und mit dem Schneebesen unter die Eigelbmasse rühren. Die Creme in die Pfanne zurückgeben und unter ständigem Rühren unter dem Kochpunkt zur Rose kochen, d. h. die Creme andicken lassen. Creme unter zeitweiligem Rühren abkühlen lassen.

3. Das Kastanienpüree unter die ausgekühlte Creme rühren. In der Eismaschine gefrieren lassen. Wenn man das Eis im Tiefkühler gefrieren läßt, dann die Masse während des Gefriervorgangs zu Beginn alle 10 Minuten gut rühren, damit sich keine großen Eiskristalle bilden können.

Kastanienhonigparfait

für 6 Personen

- 2 EL Kastanienblütenhonig
- 2 Eigelb von Freilandeiern
- 2 EL Kastanien- oder Mandellikör
- 250 g/2,5 dl Schlagsahne/Rahm

1. Kastanienblütenhonig und Eigelb mit der Küchenmaschine oder von Hand mit dem Schneebesen zu einer weißen Creme aufschlagen, mindestens 10 Minuten. Kastanienlikör und die steifgeschlagene Sahne darunterziehen.

2. Die Parfaitmasse in Portionsförmchen füllen. Im Tiefkühler mindestens 2 Stunden fest werden lassen.

Tip: Mit einer Heidelbeersauce oder einer anderen Fruchtsauce servieren.

Gefüllte Pfannkuchen

für 6 bis 8 Personen als Nachspeise
für 3 bis 4 Personen als Hauptspeise

- 250 g Kastanienmehl
- 2 EL Akazienhonig, ca. 80 g
- 250 ml/2,5 dl Vollmilch
- 250 g/2,5 dl Schlagsahne/Rahm
- 5 Freilandeier
- 1 Prise Meersalz
- Butterschmalz/Bratbutter oder Maiskeimöl zum Braten

Beerenfüllung

- 250 g Saisonbeeren
- 200 g/2 dl Schlagsahne/Rahm, steif geschlagen
- 2 EL Ahornsirup
- 1 Msp Vanillepulver

Marmeladenfüllung

- Kastanienmarmelade (Seite 103)
- 2 EL Kirsch

1. Für die Pfannkuchen sämtliche Zutaten zu einem glatten Teig rühren. 10 Minuten quellen lassen.

2. In einer nicht klebenden Bratpfanne im Butterschmalz dünne Pfannkuchen ausbacken.

3. Für die Beerenfüllung Schlagsahne, Ahornsirup und Vanillepulver verrühren. Die Beeren darunterziehen. Füllung auf die Pfannkuchen verteilen und aufrollen. Für die Marmeladenfüllung Marmelade und Kirsch verrühren. Dünn auf die Pfannkuchen streichen und diese zweimal falten. Mit einer Fruchtsauce servieren oder die Pfannkuchen mit Vollrohrzucker bestreuen.

Variante: Bei pikanter Füllung den Teig ohne Honig zubereiten. Als Füllung eignen sich scharf angebratene Pilze oder gedünsteter Spinat, aber auch eine Mischung aus gedünstetem Gemüse.

Tip: Wer ein weniger kräftiges Kastanienaroma wünscht, mischt das Mehl zur Hälfte oder mehr mit Dinkelruchmehl (Type 1050).

Beerenmüsli

für 1 Person

◆ 4 EL (25 g) Kastanienflocken
◆ 150 g frische Beeren, je nach Saison Erdbeeren, Himbeeren, Brombeeren, Heidelbeeren
◆ 1 Prise Vanillepulver
◆ 1 TL Akazienhonig oder Ahornsirup
◆ 2 EL Schlagsahne/Rahm

1. Kastanienflocken in ein Schälchen geben. Beeren auf die Flocken verteilen. Vanillepulver, Honig und Sahne verrühren, über die Beeren gießen. Sofort servieren.

Tip: Für eine knusprige, leicht süße Zwischenverpflegung für Kinder Kastanienflocken und grobe Kokosraspeln im Verhältnis 1 : 1 mischen.

Orangen-Creme

◆ 25 g Kastanienflocken
◆ 200 ml/2 dl Vollmilch
◆ 1 – 2 EL Vollrohrzucker
◆ 1 Prise Vanillepulver
◆ abgeriebene Schale einer unbehandelten Orange
◆ 100 g/1 dl Schlagsahne/Rahm

1. Kastanienflocken, Milch, Vollrohrzucker und Vanillepulver unter Rühren aufkochen. Die abgeriebenen Orangenschalen dazugeben. Creme auf der ausgeschalteten Wärmequelle zugedeckt 10 Minuten nachquellen lassen. Mindestens 3 bis 4 Stunden oder über Nacht kühl stellen.

2. Die steifgeschlagene Sahne unter die Kastaniencreme ziehen.

Tip: Läßt man die Sahne weg, wird aus der Creme ein hervorragender Brei für Babies. Kastanienflocken eignen sich bestens für die Säuglingsernährung.

Glasierte Kastanien

◆ 300 g geschälte Kastanien (S. 26)

◆ 1 EL Butter

◆ 2 EL Birnendicksaft

◆ ½ TL Vanillepulver

◆ wenig Wasser

◆ 2 – 3 EL Kastanienlikör

◆ 200 g/2 dl Schlagsahne/Rahm

1. Die Kastanien im Dampf 10 bis 12 Minuten garen. Die Früchte dürfen nicht zu weich werden, da sie sonst zerfallen.

2. Die Butter erhitzen, die Kastanien dazugeben und gut mischen. Den Birnendicksaft beifügen und die Kastanien darin wenden. Eventuell wenig Wasser dazugeben. Mit Vanillepulver abschmecken.

3. Die noch warmen Kastanien in Portionsschalen füllen, den Kastanienlikör darüberträufeln. Mit der Schlagsahne garnieren.

Kastanienpralinen

◆ 200 g geschälte Kastanien (S. 26)

◆ 2 – 3 EL Akazienhonig

◆ 1 Msp Vanillepulver

◆ Kakaopulver

1. Die Kastanien im Dampf rund 12 Minuten garen. Noch warm pürieren.

2. Den Honig und das Vanillepulver unter das Kastanienpüree rühren.

3. Aus der Kastanienmasse von Hand kleine Kugeln formen, im Kakaopulver drehen. Die Pralinen in Pralinenpapierförmchen setzen.

Tip: Im Bioladen/Reformhaus Kastanienpüree kaufen und mit Akazienhonig süßen.

Biskuitroulade mit Kastanien-Sahne-Füllung

Biskuit

- 100 g Dinkelvollkornmehl
- 75 g Kastanienmehl
- 1 TL Weinsteinbackpulver
- 1 Prise Vanillepulver
- 1 Prise Meersalz
- 4 Eigelb von Freilandeiern
- 50 ml/0,5 dl lauwarmes Wasser
- 100 g Akazienhonig
- 4 Eiweiß

Füllung

- 200 g/2 dl Schlagsahne/Rahm
- 1 – 2 EL Kastanienmarmelade (Seite 103)
- wenig Kastanienlikör

1. Ofen auf 220 Grad vorheizen.

2. Den Rücken eines rechteckigen Backblechs mit Backpapier belegen.

3. Dinkel- und Kastanienmehl, Backpulver, Vanillepulver und Salz mischen.

4. Eigelb, Wasser und Honig mit dem Handrührgerät oder dem Schneebesen mindestens 10 Minuten cremig aufschlagen. Die Masse muß weiß sein.

5. Das Eiweiß zu Schnee schlagen.

6. Mehl und Eischnee mit einem Holzlöffel abwechslungsweise vorsichtig unter die Eigelbmasse heben.

7. Den Teig auf dem Backpapier zu einem Rechteck ausstreichen. Das Biskuit auf mittlerem Einschub 13 Minuten, bei Umluft 10 Minuten backen.

8. Das Biskuit auf ein mit Vollrohrzucker bestreutes Geschirrtuch stürzen und mit dem warmen Blech decken. 5 Minuten auskühlen lassen, dann die Roulade mit Hilfe des Tuchs aufrollen und vor dem Füllen ganz abkühlen lassen.

9. Für die Füllung die Sahne sehr steif schlagen. Die Kastanienmarmelade darunterrühren. Mit wenig Kastanienlikör abschmecken.

10. Das ausgekühlte Biskuit flach legen. Die Sahnemischung auf das Biskuit streichen. Aufrollen. Mit einem scharfen Messer in Scheiben schneiden.

Annekes Kastanientorte

für eine Springform von 26 cm
Durchmesser

- 300 g geschälte Kastanien (S. 26)
- 200 g weiche Butter
- 4 EL Akazienhonig
- 5 Eigelb von Freilandeiern
- ½ TL Vanillepulver
- abgeriebene Schale einer unbehandelten Orange
- 1 Prise Zimtpulver
- 1 EL Dinkelmehl
- 5 Eiweiß

1. Ofen auf 190 Grad vorheizen.

2. Den Boden der Springform mit Backpapier belegen. Den Rand der Form einbuttern.

3. Kastanien im Dampf 15 Minuten garen. Fein pürieren und abkühlen lassen.

4. Butter und Honig cremig aufschlagen. Eigelb, Vanillepulver, abgeriebene Orangenschale, Zimt, Kastanienpüree und Dinkelmehl nach und nach darunterrühren. Das zu Schnee geschlagene Eiweiß unter die Masse ziehen. In die Form füllen.

5. Kastanientorte im vorgeheizten Ofen auf mittlerem Einschub rund 50 Minuten backen. Nadelprobe machen.

Kastanientörtchen

für 6 Törtchen

- 250 g geschälte Kastanien (S. 26)
- 30 g weiche Butter
- 1 EL Akazienhonig
- 2 Eigelb von Freilandeiern
- ½ TL Vanillepulver
- 1 EL Kirsch oder Orangensaft
- 2 Eiweiß, steif geschlagen

Garnitur

- 100 g/1 dl Schlagsahne/Rahm
- Kastanienlikör nach Belieben
- Saisonbeeren

1. Die Kastanien im Dampf 12 Minuten garen. Pürieren.

2. Ofen auf 220 Grad vorheizen.

3. Butter und Honig cremig aufschlagen. Eigelb, Vanillepulver und Kirsch darunterrühren. Eischnee darunterziehen. Den Teig in gebutterte Portionsförmchen füllen. Ideal sind Savarin-Ringförmchen.

4. Kastanientörtchen im vorgeheizten Ofen in der Mitte rund 20 Minuten backen. Auskühlen lassen. Stürzen.

5. Die Sahne steif schlagen. Mit wenig Kastanienlikör aromatisieren.

6. Törtchen auf Tellern anrichten. Mit den Beeren und der Sahne garnieren.

Windbeutel

- 250 ml/2,5 dl Vollmilch oder Wasser
- 1 Prise Meersalz
- 40 g Butter
- 80 g Dinkelvollkornmehl
- 50 g Kastanienmehl
- 3 Freilandeier
- Backtrennpapier
- 1 Portion Kastanienpüree (Seite 79)

1. Milch, Salz und Butter aufkochen. Das Mehl im Sturz dazugeben. Den Topfinhalt unter Rühren mit einem Holzlöffel zu einem Kloß «anbrennen» lassen, bis sich die Masse vom Topfboden löst. Sofort ein Ei darunterrühren. Die restlichen Eier nach und nach darunterrühren und solange rühren, bis der Teig glänzt.

2. Ofen auf 200 Grad vorheizen.

3. Den Teig in einen Spritzbeutel mit breiter Tülle füllen. Kleine Häufchen auf ein mit Backpapier belegtes Blech setzen. Die Windbeutel im vorgeheizten Ofen auf mittlerem Einschub 20 bis 25 Minuten backen. Abkühlen lassen.

4. Die Windbeutel mit einer Schere aufschneiden, aber nicht ganz durchschneiden. Mit dem Kastanienpüree füllen.

Kleiner Kastanienfladen

für eine runde Form von 22 cm Durchmesser

- 100 g Vollkornblätterteig (Reformhaus)

Füllung

- 200 g Kastanienmarmelade (Seite 103)
- 1 Prise Zimtpulver
- 100 g/1 dl Schlagsahne/Rahm
- 1 Freilandei
- abgeriebene Schale einer unbehandelten Orange
- 50 ml/0,5 dl Orangensaft
- 1 EL Kokosraspeln

1. Ofen auf 200 Grad vorheizen.

2. Den Blätterteig dünn ausrollen und in die gebutterte Form legen.

3. Für die Füllung alle Zutaten mit dem Schneebesen gut mischen und auf den Teigboden gießen.

4. Fladen im vorgeheizten Ofen rund 45 Minuten backen.

Tip: Mit Schlagsahne servieren.

Kastanien-Bananen-Muffins

für 10 bis 12 Muffins

- 150 g weiche Butter
- 150 g Vollrohrzucker
- 2 Freilandeier
- 300 g Bananenpüree
- 200 g Kastanienmehl
- 100 g Dinkelvollkornmehl
- 2 TL Weinsteinbackpulver
- 1 TL Zimtpulver
- 1 TL Vanillepulver
- 1 Prise Meersalz

1. Ofen auf 190 Grad vorheizen.

2. Butter und Vollrohrzucker cremig aufschlagen, am besten mit dem Handrührgerät oder in der Küchenmaschine. Eier und Bananenpüree darunterrühren. Das Mehl mit dem Backpulver und den Gewürzen mischen, unter die Eigelbmasse rühren.

3. Den Teig in die gut gebutterten Portionenförmchen (Blechförmchen) füllen. Im Ofen auf mittlerem Einschub rund 25 Minuten backen. Nadelprobe machen.

Tip: Anstelle der Blechförmchen können auch Papierförmchen verwendet werden. Am schönsten werden die Muffins, wenn man drei Papierförmchen ineinanderlegt. Förmchen füllen und in ein Backblech stellen.

Variante: Wer den Kastaniengeschmack etwas weniger kräftig wünscht, nimmt weniger Kastanienmehl und dafür mehr Dinkelmehl.

Kastanienkuchen

für eine Kastenform/Cakeform von 28 bis 30 cm Länge

- 200 g geschälte Kastanien (S. 26)
- 200 g Vollrohrzucker
- 150 g weiche Butter
- 1 Prise Vollmeersalz
- 4 Eigelb von Freilandeiern
- 1 Msp Vanillepulver
- abgeriebene Schale einer unbehandelten Orange
- 200 g geriebene Mandeln
- 100 g Dinkelvollkornmehl
- 500 g Dinkelruchmehl (Type 1050)
- 3 TL Weinsteinbackpulver
- 4 Eiweiß
- 1 EL Vollkornsemmelbrösel/ -paniermehl oder geriebene Nüsse, für die Form

1. Kastenform ausbuttern und mit Semmelbröseln ausstreuen.

2. Ofen auf 180 Grad vorheizen.

3. Die Kastanien im Dampf 10 Minuten garen, dann fein hacken.

4. Zucker und Butter cremig aufschlagen. Salz und Eigelb darunterrühren.

5. Vanillepulver, Orangenschalen, Mandeln, Mehl, Backpulver und gehackte Kastanien mischen. Unter die Eigelbmasse rühren. Zuletzt das zu Schnee geschlagene Eiweiß darunterziehen. Der Teig ist ziemlich schwer. Die Masse in die vorbereitete Form füllen.

6. Kuchen im vorgeheizten Ofen auf mittlerem Einschub 55 bis 60 Minuten backen. Nadelprobe machen.

Tip: Den Kuchen vor dem Backen mit einigen gekochten Kastanien belegen, was sehr dekorativ aussieht. Der Kuchen kann zum Sonntagsbrunch oder zum normalen Frühstück mit Butter und Honig gegessen werden.

Kastanienbrot mit Pinienkernen

für 2 bis 3 Brotlaibe

- 300 g Kastanienmehl
- 1 kg Dinkelvollkornmehl oder Dinkelruchmehl (Type 1050)
- 30 g Meersalz
- 60 g frische Hefe
- ca. 600 ml/6 dl lauwarmes Wasser
- 2 EL Pinienkerne

1. Kastanien- und Dinkelmehl sowie Salz in einer Schüssel mischen. Eine Vertiefung formen. Die in wenig lauwarmem Wasser aufgelöste Hefe zusammen mit dem restlichen Wasser in die Vertiefung geben. Zu einem Teig zusammenfügen und 10 Minuten kräftig kneten. Der Teig hat die richtige Beschaffenheit, wenn er an den Händen nicht mehr klebt. Den Teigkloß in eine Schüssel legen und mit einem feuchten Tuch decken. Teig 90 Minuten gehen lassen.

2. Ofen auf 170 Grad vorheizen.

3. Teig nochmals kräftig durchkneten und am Schluß die Pinienkerne einkneten.

4. Aus dem Teig 2 bis 3 Brotlaibe formen und diese auf ein mit Backpapier belegtes Blech setzen. Die Oberfläche einige Male nicht zu tief einschneiden. Kastanienbrot auf mittlerem Einschub 35 Minuten backen.

Wichtig: Der Teig läuft etwas in die Breite. Wer ein hohes Brot wünscht, füllt den Teig in 2 gebutterte Kastenformen von 28 cm Länge. Die Backzeit bleibt sich gleich.

Tip: Bei kleinem Brotbedarf kann die Menge halbiert werden. Kastanienbrot, frische Butter und Kastanienhonig machen das Frühstück zum kulinarischen Erlebnis.

Kastanientorte
mit Schokoladenglasur

für eine Springform von 22 cm
Durchmesser

- 200 g geschälte Kastanien (S. 26)
- 3 EL Kastanien- oder Mandellikör
  oder Orangensaft
- 2 EL Akazienhonig
- 3 Eigelb von Freilandeiern
- 1 EL Akazienhonig
- ½ TL Vanillepulver
- 150 g geriebene Mandeln
- 3 Eiweiß
- 1 Prise Meersalz

Schokoladenüberzug

- 50 g dunkle Schokolade mit Vollrohrzucker gesüßt (Reformhaus/
  Bioladen)
- 100 g/1 dl Schlagsahne/Rahm
- Mandelblättchen, leicht geröstet

1. Den Boden der Springform mit Backpapier belegen. Den Rand der Springform einbuttern.

2. Kastanien im Dampf 12 Minuten
garen. Zusammen mit dem Kastanienlikör und dem Honig pürieren.

3. Ofen auf 180 Grad vorheizen.

4. Eigelb, Honig und Vanillepulver zu
einer cremigen Masse aufschlagen.

5. Das Eiweiß mit der Prise Salz zu
Schnee schlagen.

6. Eigelb, Kastanienpüree und Mandeln gut vermengen. Zum Schluß den
Eischnee vorsichtig unterziehen. In die
vorbereitete Form füllen.

7. Kastanientorte im vorgeheizten Ofen
auf mittlerem Einschub rund 45 Minuten
backen. Etwas auskühlen lassen. Dann
den Rand sorgfältig lösen und die Torte
stürzen. Backpapier entfernen.

8. Für den Überzug Schokolade und
Sahne nur so lange erwärmen, bis die
Schokolade geschmolzen ist. Die noch
warme Torte damit überziehen. Mit den
gerösteten Mandelblättchen bestreuen.
Auskühlen lassen.

Tessiner Kastanientorte

für eine Springform von 22 cm Durchmesser

- ◆ 300 g geschälte Kastanien (S. 26)
- ◆ 100 ml/1 dl Vollmilch
- ◆ 40 g Hefe
- ◆ 200 g Dinkelruchmehl (Type 1050)
- ◆ 100 g Vollrohrzucker
- ◆ 100 g weiche Butter
- ◆ 3 Freilandeier
- ◆ 1 Prise Meersalz
- ◆ 1 TL Kakaopulver
- ◆ abgeriebene Schale einer unbehandelten Zitrone

1. Die Kastanien im Dampf rund 15 Minuten weich kochen. Die Früchte noch warm pürieren.

2. Die Hefe in der lauwarmen Milch auflösen. Wenig Dinkelmehl dazugeben. Zu einem Vorteig rühren. Zugedeckt 30 Minuten oder länger gehen lassen.

3. Ofen auf 180 Grad vorheizen.

4. Butter und Zucker cremig aufschlagen. Eier nach und nach darunterrühren. Vorteig, Kastanienpüree, restliches Mehl, Salz, Kakaopulver und Zitronengelb nach und nach darunterrühren und zu einem geschmeidigen Teig verarbeiten.

5. Den Teig in die gebutterte Springform füllen. Im vorgeheizten Ofen auf mittlerem Einschub rund 35 Minuten backen. Nadelprobe machen.

Tip: Der leicht süße Kuchen eignet sich besonders gut für den Sonntagsbrunch oder zusammen mit Butter und etwas Honig für ein Abendessen. Die Kastanien machen das Gebäck schön feucht.

Kastanien-Marmelade mit Honig

- 500 g geschälte Kastanien (S. 26)
- 2 TL Vanillepulver
- 100 ml/1 dl Wasser
- 500 g Blüten- oder Akazienhonig

1. Die Kastanien in wenig Wasser rund 20 Minuten garen. Wasser abschütten. Pürieren.

2. Vanillepulver, Wasser und Honig verquirlen. Über das Kastanienpüree gießen. 24 Stunden zugedeckt ziehen lassen.

3. Das Kastanienpüree samt Flüssigkeit in einem hohen Topf unter Rühren aufkochen, rund 20 Minuten unter häufigem Rühren köcheln lassen.

4. Die heiße Marmelade in Gläser füllen. Sofort verschließen.

Info: Bei dieser Marmelade handelt es sich um ein altes Tessiner Rezept.

Kastanienmarmelade mit Vollrohrzucker

- 1 kg geschälte Kastanien (S. 26)
- 500 g teilraffinierter Vollrohrzucker (Syramena) aus dem Bioladen/ Reformhaus
- 1 TL Vanillepulver
- 200 ml/2,5 dl Kastanien-Dämpfwasser

1. Die Kastanien rund 12 Minuten im Dampf garen. Die Früchte von Hand oder in der Moulinette fein hacken.

2. Gehackte Kastanien, Zucker, Vanillepulver und Dämpfwasser unter Rühren aufkochen, so lange bei starkem Feuer kochen lassen, bis die Masse träge vom Holzlöffel reißt.

3. Einmachgläser oder Gläser mit Schraubverschluß im kochenden Wasser erwärmen. Die heiße Marmelade einfüllen und die Gläser sofort verschließen. Bei Zimmertemperatur abkühlen lassen. Die Marmelade ist bei kühler Lagerung 3 bis 6 Monate haltbar. Angebrochene Gläser im Kühlschrank aufbewahren.

Tip: Die Kastanienmarmelade eignet sich für Desserts und als Brotaufstrich.

Bezugsquellen Kastanienprodukte

In Österreich, in Deutschland und in der Schweiz gibt es Hildegard-Läden, die verschiedene Kastanienprodukte anbieten. Auch Postversand ist teilweise möglich. Kontaktadressen:

- **Schweiz:** Hildegard Vertriebs AG, Aeschenvorstadt 24, CH-4010 Basel
- **Deutschland:** Jura Naturheilmittel, Nestgasse 2, D-78464 Konstanz
- Max Emanuel Apotheke, Belgradstraße 21, D-80796 München.
- **Österreich:** Helmut Posch, am Weinberg 23, A-4880 St. Georgen

Kastanien im Glas, getrocknete Kastanien, Kastanienmehl, Kastanienflocken, Kastanienhonig, Kastanienmarmelade, Kastanienpüree, Kastaniennudeln und Duftöl aus Edelkastanien aus dem Bergell und aus dem Tessin können im Postversand bestellt werden bei:

- Linea Bregalia, CH-7610 Soglio, Tel. 081/822 17 18 Fax 081/822 12 68
- Erboristeria, Silvia und Peter Lendi CH-6981 Bedigliora, Tel. 091/606 71 70 Fax 091/606 34 91
- Naturkostladen, Bioladen, Reformhaus, Gemüseladen in Ihrer Region. Fragen Sie dort nach Kastanienprodukten.

Rezepte aus der Ardèche

Zahlreiche Rezepte in diesem Buch verdanke ich Fredy Burri von der Ferme Solaire, Marcols-les-Eaux, Ardèche/F; er führt zusammen mit Vreni Schneider inmitten von Kastanienselven eine weit über die Landesgrenzen hinaus bekannte Pension.

Tel./Fax:
Vorwahl Frankreich/75 65 60 95

- Geo Spezial Schweiz, Nr. 2, April
  1996

- Zeitschrift Natürlich Nr. 11/95.
  AT-Zeitschriftenverlag

- Die Edelkastanie, ihre volkswirtschaft-
  liche Bedeutung, ihr Anbau und ihre
  Bewirtschaftung.
  Schweizerisches Departement des
  Inneren, Bern 1919

- Edelkastanien wohltuend und
  kräftigend. Gerichte und Backwaren.
  Hildegard Rezepte. Erhältich beim
  Hildegard-Vertrieb

- Strassmann, René: Baumheilkunde.
  AT Verlag

- Vescoli, Michael: Keltischer Baumkreis.
  Edition Kürz

- Scheffer, Mechthild; Storl, Wolf Dieter:
  Die Seelenpflanzen des Edward Bach.
  Hugendubel

- Baumzeit. Werd Verlag

- Video: Kastanien im Borgoll.
  Film von Christoph Schaub und
  René A. Zumbühl
  (24 Minuten). Verkauf und World Rights
  bei Sacco Film, Feststrasse 77,
  CH-8003 Zürich.
  Tel. 01/462 86 80,
  Fax 01/462 86 21